社内勢力図を一変させる基礎力

女性社員の力を引き出す24のスキル

いつか
Itsuka

文芸社文庫

はじめに

私はこれまで、数多くのリーダーと呼ばれる方たちと出逢い、親交を深めてまいりました。

みなさん、リーダーシップがあり、セレクト&ジャッジが上手で好感度が高く、そして、時には非情でもある点が共通しています。

男性諸氏の中には、わざわざ女性が働きづらいように振る舞い、無意識のうちに女性に嫌われるような言動をしている損な方もいらっしゃいます。

そこに、男性と女性という、大きな壁ができてしまうのです。

同じ働く者同士、そんなことで悩ませたくないものです。

女性の目は、男性が思う以上に厳しいもの。

本書は、男性と女性の相対的な違いを元にした「女性社員と上手につきあい、お互いに発展していく方法」の手引き書です。

部下、特に女性社員を活かせずして、大きな出世はありえません。「女性に人気のある上司ほど出世する」と言っても過言ではないでしょう。

以下の本章では、こうした男女の違いを念頭に置きつつ、女性の気持ち・求めることを見出し理解して、うまく活用していく方法を記していきます。

そのために、私の周りのさまざまな方に取材をし、オフィスにおける男女の考え方を整理した上で、よりリアルな声を聞くために、各界・各年代の女性による座談会を催しました。

座談会に参加していただいたのは、以下の経歴の方々です。

保険会社営業部社員（24歳・独身）広告代理店社員お二人（28歳、35歳・独身）デザイン会社派遣社員（28歳・既婚）出版社営業社員（25歳・独身）印刷会社契約社員（32歳・独身）食品メーカー企画部社員（42歳・既婚・母親）編集プロダクション・アルバイト（23歳・独身）社団法人社員（40歳・独身・結婚経験あり）

知人の企業コンサルタントと編集部のご協力で、これだけ多彩な方々に集まっていただくことができ、多くの貴重な体験談や考え方、価値観に触れることができました。

彼女たちの実体験による「男性への要望」が本書の核となり、また私自身、女性であることから、説得力のあるものになったと思います。

それでは、女性社員を上手に活用し、あなた自身が伸びていくための心構えや方法について、これから詳しく見ていきましょう。

ぜひ本書を読んで、仕事がデキる男を目指してください。

いつか

目次

第3章　女性の「ヤル気」を引き出す6つの法則——91

第4章　デキる男性社員が実践する5つの法則——129

第1章

女性社員に好かれるための6つの法則

1 女性はおしゃべり自体が目的

男性と女性の会話には、大きな違いがあります。

男性にとって、会話はおもに**「目的を達成するための手段」**。自分の気持ちを伝え理解してもらう、意見の相違を明らかにする、女性に告白し恋人になる……。さまざまな到達点（目的）があって、そこに向かうために会話をするのが基本です。

ところが女性は、**「自分が話すこと」「会話の場にいること」自体が喜び**なのです。別に目的や到達点はないことも多く、ただただ話す。井戸端会議がいい例ですね。

女性が求めているのは、**周りとのつながりや親密感、感情の共有**です。それだけが目的と言ってもいいほどです。

だから、男性からすると、「論点がハッキリせず、遠回しで曖昧だし、話が支離滅裂、なにを言いたいのかさっぱりわからない」といった不満を持つことも多くなります。ハッキリさせずにズルイ、卑怯《ひきょう》だ、責任回避しようとしている……などと強い嫌悪感を覚えることだってあるかもしれません。

でもほとんどの場合、女性にはそんな気持ちはありません。多くの女性は、**損得勘定で話していない**のです。ただただ、論理的な話し方が不得意なだけ。へたに勘ぐるだけ損ですよ。

端的な例をあげると、ブログに多数の人が意見を書き込む時、男性はほかの人の意見を踏まえて自分の意見を述べるなど、話が順々につながっていくそうです。

しかし女性の場合、だいたいが各々勝手に意見を書き込み、議論としてつながらず、「意見集」のようになります。他人の見解は雰囲気として大まかにとらえ、それを頭に入れつつ、書き込む時は自分の意見だけになる。そういう傾向が、女性にはあります。

「女性は、話すこと、それ自体が目的なんだ、好きなんだ」ということを、よく心に刻んでください。脳の仕組みとしてそうなっており、「女の子」として子供のころからそうやって育ってきたのです。

そうした特徴を持つ女性が、仕事で一生懸命話しているのに、「それで結論はなんなんだい？　さっぱりわからないよ」などと切り捨ててしまっては、「わかってくれない」「そんなに私はダメなのかしら」「この人は聞く耳を持っていない」といったマイナス感情が女性に湧き起こってしまいます。

女性社員に好かれるコツは、**「話を聞いてあげること」**。

例えば相談にのる時、「こうすればいいよ」と早々に解決策を示してあげることが一番だと男性は思いやすいのですが、それでは女性は「話を聞いてくれない」と欲求不満になります。

彼女は、**悩みを話したい**のです。そして、**感情を共有して欲しい**のです。

ですから、**「うんうん」「それで？」「そうかな？」「なるほどねー」「わかるよ」**など、理解と共感を示すようにうまく相づちを打ち、キチンと話を聞いてあげましょう。そして、**最後に問題点なり解決策なりを示してあげればいい**のです。

女性に職場で好き勝手に話し続けさせることは考えものですが、くだけた場ならば、相手に話の主導権を持たせて、うまくリードすれば、グンとあなたの評価が上がります。

「彼は私たち女性のことをよくわかってくれている」と、女性コミュニティの中でよい評判が回っていくでしょう。

ケーススタディ　case study

上野さん（25歳・男性）は同僚の綾子さんと仲良しです。たまには食事などしながら、職場のことや恋愛問題までが話題にのぼります。綾子さんは普段はおとなしいのですが、上野さんには心を開き、よく話します。それは、上野さんが聞き上手※1だからです。

もちろん綾子さんもちゃんと相手の話を聞きますが、互いに好きなことを言っています※2。なぜそうできるかというと、上野さんは、綾子さんの話の腰を折ったり茶々を入れたりしないのです。

ある時、綾子さんが上野さんの上司の悪口を言い始めました。上野さんの意見とはまったく違うものです。

「そうかぁ？」

「そうだよ、あの人、なんか気に入らない※3」

「なんで気に入らないの？」

※1
話すことが嫌いな女性は、まずいません。口数が少ない人でも、話を引き出すようにしてあげれば、饒舌になることが多いもの。

そして、話せたことで満足感に浸り、相手に好感を持つのです。

※2
「お互いに好きなことを言う」のは、女性の話し方の典型的なパターンです。だから男性側も、本来は自分の好きなことを勝手に話していいのです。

職場での会話となれば、そうはいきませんが。

※3
「なんか気に入らない」といった、感情本位の曖昧な価値基準は、女性がよく持つものです。でもそれも、立派な判断基準。女性にとって「気に入らない」とい

「だってみんなそう思ってるし。女心がわかってないんだよねぇ」

　上野さんは、そんなふうに話を引き出しながら聞いていき、そして言いました。

「俺も女の人の気持ちはよくわからないけどさ。ただ、綾ちゃんの話を聞いてると、※4課長のどこが悪いって感じじゃないよね」

「うん、まあ……どこがってことはないけど……」

「俺からすれば、すごくいい人だよ。仕事もできるし。そう思うんだけど、どう?」

「うん、それはそうだよね。私も認める」

「じゃ、有能なビジネスマンとして見ることはできない?印象が変わると思うよ」

「うーん……そうだね。私も※5一方的すぎたかなあ」

うのは、とても大きなことです。

※4
　このあたりから上野さんは、穏やかに反論を始めています。しかし表向きは、反論というより「説得」「共感を得る」類《たぐい》の言葉づかい。だからこそ、綾子さんの心に届くのです。

※5
「自分の気持ちをわかってくれたうえで、新しい見方を示してくれた」と綾子さんは感じ、だから自分の偏った感情に気づきました。
　これで上野さんの上司に対する綾子さんの見方は変わり、次第にいい面ばかりが見えてきました。
　綾子さんは彼のファンになり、仲間の女性たちを引き込んで、上野さんの上司は女性からの評価を高めたのでした。

ポイント
point

男性にとって会話は手段。
女性にとって会話は目的。
話を聞いてあげるだけで、
女性は満足する。
さらに、感情を共有すれば、
女性は好感を持ってくれます。

2 「言行一致」で心地良さを作り出す

「言行一致」＝言葉と行いが同じである。日頃の主張と行動が一致している。こうした人は、信頼されます。

逆に「言行不一致」の人は、言うこととやることが違い**言動に一貫性がない**のですから、信頼されるはずがありません。

座談会でもたくさんの経験談が出されました。

・男女平等を旗印にしているのに、男と女でハッキリ仕事を分けてしまう
・昨日と今日で、言うことが違う
・普段は物わかりがよくても、自分に被害が及ぶとなると途端に保身に回り、部下や同僚を裏切る
・自分は仕事をしないのに、人使いが荒い
・自分で指示しておいて、「なんでこんなことしたんだ」と怒る

このような男性は、女性に対して「なんでも言っていい、やっていい」と思

っているのか、言行不一致になることが多いようです。根っこに「女性蔑視」があるのでしょうか？

いずれにせよ、**言動に一貫性がない行動は受け手にとって理不尽**であり、その状態で指示をされたらたまったものではありません。

特に女性は、仕事で理不尽さを痛感することが多いため、そのように扱われることを嫌います。また、細かなところに目が行き届いてしまうのが女性ですから、**些細《ささい》な言動まで、ちゃんとチェックしています。**

ですから、**言行不一致な男性**の評判は、あっという間に女性たちの間で広まるのです。

特に、「ある女性に対しては言行一致、ほかの多数に対しては理不尽」、さらに「男性に対しては言行一致、女性に対しては理不尽」ということだと、不満は最高潮に達します！

横意識の強い女性のこと、下手をすると、集団で上層部に直訴されるかもしれませんよ。

逆に、言行一致を心がけ実践している男性は、態度や言葉づかいなどがよほどひどくない限り、そうそう嫌われはしません。たとえ理不尽な命令であっても、「仕方ない、そういう人なんだから」で済むことが多いものです。

また、仮に能力が低くても、気配りなど特になくても、言葉と行動が一致していれば、女性から嫌われることはまずありません。

言行一致、言動の一貫性は、会社組織の中で非常に好ましい姿勢なのです。

女性たちは、無駄に労力や気を使わされることなく、心地よく仕事を進めることができます。**「心地よさ」は、仕事を人生の目的ではなく、人生のプロセスの一つと考える女性にとって、とても大きな要素です。**

だからこそ、女性は仕事における言行一致を強く求めているのです。

言動に一貫性を持たせるよう、くれぐれもご注意ください。

＊人に与える「心地よさ」については拙著『一流のサービスを受ける人になる方法』（日本経済新聞出版社）もあわせてご参考になさってください。

ケーススタディ case study

男女ともに慕われている斎藤課長（37歳）。

全身清潔に整えており[※1]、たたずまいがすがすがしく、男らしい。そんなことから、特に女性に好かれているのですが、なにより彼女たちが好ましく思っているのは、「理不尽なことをしない」点。

「男女の区別なく、みんなに生き生きとしっかり働いてもらうことが私の役目だ」というのが、斎藤課長のポリシーで、いつも的確な指示を出し、課を引っ張っています。

ある日、大きなトラブルが起きて、課内中が大騒ぎとなりました。斎藤課長も事態収拾に必死。

そんな中、中堅どころの草刈雅美さんが大きなミスをしてしまいました。報告を受けた斎藤課長は思わず一喝。

「女だからって[※2]許されることじゃないぞ！　今どんな時

※1
身だしなみ（見た目）は大事です。まずこれをクリアしてこそ、女性社員から支持を受けることが可能になります。

※2
「女だからって」という言葉は、日頃の斎藤課長からは想像もできない表現でした。言行不一致です。
　斎藤課長は男尊女卑的な価値観など持っていないのですが、神妙に立っているだけの草刈さんを見て、「女だ」という思いが湧き出て、パニック状態の中、怒鳴りつけてしまったのでした。

※3
　泣いたからと言って、態度を変えることは仕事の観点から言ってもおかしなことです。かつ、この時の斎藤課長は、内心、しまった

かわかってるだろう！」

罵倒された彼女は、斎藤課長のいつもとあまりに違う言動に、泣き出してしまいました。※3
「泣いてても仕方ない、全力でやり遂げろ」と斎藤課長は厳命し、二日後、ようやく事態は収まりました。

その夜、斎藤課長は課全体の飲み会を催しました。

乾杯をしてすぐ、斎藤課長は立ち上がりました。

「今回は、みんなご苦労様でした。全員必死でがんばってくれて、ありがとう。そして……みんな知ってると思うが、私の草刈さんへの態度を謝りたい。いつも偉そうにチームプレーなどと言っていて、私自身、本当に恥ずかしいし、草刈さんにはまったく申し訳ないことを言ってしまった。もっと身を引き締めて、全員でがんばっていけるよう、しっかりしたいと思う。これからもよろしくお願いします」※4

と思いつつも、一度言ったことを引っ込める気にはなれませんでした。

※4
上司の立場からすれば、謝ること・自分の非を認めることを屈辱と感じ、まあまあで済ませてもおかしくはありません。

しかし斎藤課長は、皆がいる場で、間違ったことをした自分を戒め、草刈さんに謝罪しました。

課の皆は、「斎藤課長は本当に言行一致の人だ」とあらためて尊敬し、また「人間っぽい、わかってくれている」とも感じました。特に女性陣は、男らしい潔さと、女性を尊重する姿勢に、より惚れ込んだのです。

その後チームがさらに結束を強めたことは言うまでもありません。

ポイント
point

仕事は人生のプロセスの一つ、
と女性は思っている。
心地よく働けることが、
女性にとっての重大事。
言行不一致は、それを破壊する。
言動に一貫性を持たせるよう、
常に心がけましょう。

3 「保身」する姿をみせない

「上司にペコペコ」というのは、女性から見て、すごくみっともなく映ります。それだけで、**生理的に嫌**になりますし、

「この人は、権力に弱いタイプだ、信用できない」と思うもの。

仕事といえど、**女性は男性に対し、なにかしら「男性らしさ」を求めています。**

と言って、なにも「男なんだから守って欲しい」「レディーファーストの精神が欲しい」なんて考えているわけではありません。ただ、男性ゆえの特長——**包容力やリード力、余裕、理性・理論の力、価値観の広さ、人間的器の大きさなど**——があって欲しいと思うのです。

強いものに媚《こ》びへつらう態度は、「男らしさ」をぶち壊す姿です。女性に好かれるはずがありません。

さらに、上司にはペコペコしているのに、部下には偉そうで厳しいとなると最悪！

相手の男性が**部下でも同僚でも上司でも**、女性は同じように思います。

女性上司の機嫌をやけにうかがうような男性部下なら、「この人は信用できない」「私を利用して、あとはポイ、ね」と見抜かれます。

あるいは、同僚の男性が、上司を見かけて駆け寄り、お追従《ついしょう》する。戻ってくれば、

「あーあ、ゴマをするのも疲れるなあ」と態度を豹変《ひょうへん》させていたら、とてもそんな男性に好感を持つことなどできません。彼が自分の上司ともなれば、強い軽蔑心が生まれます。

また、**会社の命令にはどんなことでも絶対服従、**という態度もいただけません。筋の通らないことでもすぐに従う、という点で男性らしさが感じられず、軽蔑の目で見てしまうのです。

男性の保身の態度は嫌われます。

女性は一般的に、保身の心が強いものです。太古の昔から家にいて子供を育ててきたのですから、食うか食われるかで戦いに行き獲物を捕ってきた男性とは違い、どうしても身を守る（家庭や仲間を守る）気持ちが強いのですね。

だからこそ逆に、男性には「保身」の態度を出して欲しくないのです。

むやみやたらと反抗するのは論外ですが、**男性が自分の身を守るのに必死に**

なっている姿など見たくありません。

・感情的にならず、上司を立てつつも、キチンと自分の意見を伝え、話し合う。

・上司の立てた企画であっても、それがよくないものであったり、よりよくなる可能性があるのなら、臆することなく、ちゃんと指摘・提案する。

・会社からの理不尽すぎる要望に対しても、筋を通して異議を申し立てる。

こうしたことができる男性こそ、本当に仕事がデキる人です。

といって、**無理をすることはない**のです。**相手が誰だろうと関係なく、筋を通す姿勢を持つこと**。そうすれば、女性からの人気を得ることができます。

女性は、男性性をしっかり打ち出せる人こそ本当に強く、生活力があり、出世する人だということを、無意識のうちに感じ取っています。

ケーススタディ case study

人事部の馬場課長の下で働く英子さん（28歳）は、新たな研修企画を立てました。英子さんは幾度も馬場課長にそれを持っていき、ようやくOKをもらい、※1いよいよ役員会でのプレゼンとなりました。

英子さんは、この研修の必要性を力説しましたが、役員たちの反応は今ひとつ。予算がかかることと、研修内容が新しく、理解されにくかったことが原因でした。

英子さんの説明が終わり、役員の一人が尋ねました。

「馬場課長はどう思うかね」

「もう少し考えたほうがいいかと……」と馬場課長は言葉を濁しました。明らかに、※2役員たちの空気に合わせているのです。

そこで役員たちは、英子さんの企画に次々異議を唱え始め、※3馬場課長は深々と頭を下げて言いました。

※1
馬場課長は、無駄に部下に厳しい人で、企画を通すのも大変です。

ようやくOKをもらい、つまり馬場課長のお墨付きで、英子さんは役員会に臨んだのでした。

※2
こうした「手のひら返し」には、本当にがっかりさせられます。

英子さんも、馬場課長がそういう人だとわかっていたとはいえ、あれだけ提案し続け、文句を言われつつOKをもらったのですから、あまりのことに唖然としてしまいました。

※3
現場の責任者である課長が曖昧な立場をとると、その上の人たちは持論を堂々と展開していきます。

彼らにとっては、馬場課

「わかりました。未熟な企画を提案してしまい、申し訳ありません。さらに練り直すように致します」

この言葉で、英子さんはキレました。

『未熟な企画？　私がずっと説明してたんだから、私の立てた企画だってことは、みんなわかってる。ＯＫを出した限り上司の責任でもあるのに、口だけで謝ってはいるけど、しっかり私のせいにして！』※4

それからというもの、馬場課長は女性社員に、陰で「未熟な人」※5と呼ばれるようになりました。

上司に見え見えのゴマをすっているけれど、これ以上の出世は望めない……、という部下たちの共通認識ができあがってしまったのです。

長の見解こそが参考にすべきものなのです。

※4
馬場課長の責任逃れは、さすがに熟練しています。こうした世渡り術を身につけているからこそ、課長になれたのかもしれません。
しかし、こうした人は、大きな出世はしないものです。英子さんも、そう考えて、むりやり溜飲を下げたのでした。

※5
女性の感性は鋭く、遊び心もあるので、あだ名や枕詞をつけるのは得意です。
悪いあだ名がつくと、それが一人歩きし、その人の評価を下げることになります。

ポイント
point

上にはゴマすり。
下にはエラそう。
相手の地位で態度を変える。
こんなご都合主義では、
男性らしさが感じられず、
女性から軽んじられます。

4 「デリカシー」を心がける

「あの人にはデリカシーがないから」

女性からよく聞く不満の一つです。

会社でも、女性はデリカシーを求めます。

男性からすると、「仕事の場、いわば戦場で、なにをデリカシーなんて悠長なことを言ってるんだ」と思われるかもしれませんね。でも女性にとって、会社は、**自分がハッピーになるための要素の一つ**にすぎないのです。

「ハッピー」というと軽々しく聞こえるでしょうが、そうとは限りませんよ。

キャリアを積み自己実現を果たして成功する、自分を成長させて充実した人生をおくる、会社や人々のためになる……といった大きな幸せを手に入れようとする人もいます。また、社内でいい人を見つけて幸せな結婚をする、お金を稼いで自分のしたいことをする、仕事は結婚するまでの生きる手段……など、ビジネスから離れた目的を持つこともあります。

これら女性が仕事をする理由にほとんど共通しているのは**「自分らしく！自分が満足したい！」**という傾向です。

女性は会社で働くことに「心地よさ」「快適さ」「満足感」など、**個人的な良い感覚**を求めます。会社の福利厚生などにも敏感です。いかに心地よく仕事ができるか、それが大きな要素なのです。

そこで、同じ働く仲間である男性社員に求められるのが、デリカシーです。**「そう言われても、デリカシーってなんだ」**と思う方もいるかもしれませんね。

簡単に言えば、感情などの細やかさのことですが、ピンと来ない方のために具体的に列挙しましょう。

・言葉づかいや仕草が、丁寧、優雅、繊細

・清潔な身なりで、身の周りが整理されている、きれい

・相手に対する感情が細やか、思いやりがある、共感力がある

例えば、「おまえ」「ちくしょう」「ムカつく」といった粗雑で乱暴な言葉づかいは、嫌われ、時には恐怖を与えることがあります。

ツメが汚い、歯にヤニがこびりついている、フケだらけという有様では、まず絶対に嫌がられます。

無神経に「彼氏できた?」「プライベートが忙しすぎるんじゃない?」などと言うことは、完全にアウトです。

つまり、**「女性の身になって、気持ちを考えて、行動し接する」**ことが肝心だということ！

だからと言って、女性からどう見られているか、戦々恐々とする必要はありません。フランクにあだ名で呼び合うような仲になれれば、それはそれでよし。そこまでいけなくても、あなたなりに十分女性の気持ちを考えて、不快な思いをさせないようにすればいいだけです。

まずは、見かけ・言葉づかい・身振り・行動など、**わかりやすく変えやすいところ**から注意していきましょう。そして、本を読んだり（43～44ページ参照）女性の友人に聞いたりして、**女心を探求し**、感情面でもデリカシーを持つように心がければ、女性からの好感度は上がります。

好きな女性には、なんとか好かれようと努力するでしょう？

それと似たようなアプローチで、女性社員との接し方を考えていけば、自然と「デリカシーのある人」になれるはずですよ。

ケーススタディ　case study

新入社員の貴史君は、今社内で、ちょっとした話題の人気者になっています。
女性が重いものを持とうとしていると、「私が持ちます」。叱られてしょげていたら「がんばってくださいね」。目を血走らせて忙しくしていると「なにかお手伝いできることはありませんか？」。とにかく、細やかなのです。※1
もちろん、身だしなみも完璧。女性をイヤラシい目で見ることなどなく、物静かで優雅で丁寧です。※2
なので「かわいい！」「もう、素敵！」と、女性たちは上から下まで貴史君の話で持ちきり。
先輩が貴史君に話しかけてきました。
「おまえ、女性連中から人気あるぞ。なんなんだ？」
「え？　僕はただ普通にしてるだけですが」

※1
これらのことは、貴史君が新人だから嫌みなくできることではありますが、これくらいの細やかな神経があれば、女性から好かれることは間違いありません。

あなたの立場やキャラクターに応じたデリカシーさを発揮すればいいのです。

※2
このあたりは、心がけと練習で、だいたい身につけられることと思います。

※3
貴史君は、「天然のデリカシー男」です。計算がないので、上からやっかまれることも少なく、男女ともに好かれるタイプ。

貴史君の場合、デリカシーがあることが売りですが、あなたにも「女性ウケする売り」があるはずです。それを伸ばしていきま

「いやー、異常にモテてるんだよ。俺なんか嫌われてるから、なんかコツあるのかと思ってさ」

「僕、モテないですけど、女姉妹の中で育ったから、なんとなく女心がわかるんですかねぇ」

「ふうん、素質か。しかし、どうすればいいのかなぁ」

「女性誌とかを見て、共通の話題を作ってみたらどうですか？」

「そうか〜。でもやっぱり、おまえは得だなぁ」※3と先輩は笑い、席に戻りました。

その貴史君、ガツガツ仕事をする感じもなく過ごしていましたが、企画部に入ってから、めきめき頭角を現しました。女性に好かれる素質が花開き、女性向けのヒット企画を次々と打ち出したのです。※4

しょう。

※4
女性の心理がわかれば、デリカシーを感じさせることができます。逆に言えば、デリカシーを身につければ、女性心理に肉薄することができるわけです。

貴史君は素質としてそれを持っていて、女性向けの斬新な企画を立てることができました。

「女性に好かれ、女性を活用し、上手に会社で伸びていく」ことができれば、ビジネス上の成功を収める一つの素質を身につけることになるのでしょう。

女性心理に長けることは、いろいろなことにプラス作用をもたらすのです。

ポイント
point

女性は仕事の場でも、個人的な心地よさを求める。デリカシーある接し方をすれば、心地よさを与えることができる。

5 まずは自分が仕事に打ち込む

率先垂範《そっせんすいはん》――人の先に立って模範を示すことです。

女性に限らず、人から好かれたい、尊重されたい、人を上手く動かしたい、人材を活用したい……と思うのなら、この四文字熟語の意味をかみ締めてください。

なにかと不満を言う前に、自分で動いていますか。社会人の基本を、しっかり守っていますか。なにより懸命に仕事をしていますか。

自分がまともなことをせず、どうして人がついてきてくれるでしょう？

特に**女性は、人のことを細かく見ており、比較する特性があります**。自分に関わりのある男性、特に上司のことは、男性からすると信じられないくらい、細かいところまで見ているもの。女性はアラ探しが得意なのです。

女性に好かれたいと思うなら、**まずは、あなた自身がしっかりと仕事をすること**。率先垂範、誰よりも早く、あざやかに仕事をすれば、女性はキチンと正当に評価しますよ。

そして、**率先垂範を実行していれば、言いたいことを言う権利が得られるの**

です。

今回の座談会では、「自分は仕事をしないのに……」「わかってもいないのに……」「早退ばかりして……」「自分のことしか頭になく……」といった、「そういうあなたはどうなんだ」的な不満が噴出しました。

具体的には、「無理難題を押しつける」という表現ではなく、「自分はろくに仕事もせずふんぞり返っているだけなのに、部下には無理難題を押しつける」といった反発です。率先垂範を実行していない人からひどいことをされると、悪感情が跳ね上がるのです。

誰よりも仕事をし、成果をあげている人から同じことをされた場合、女性はそこまで感情を害しません。「これだけやってる人だから、無理なことを言われても、その人のことは認めざるを得ない」と思うのが、自然な感情ですよね。

特に女性は、前述のように職場でも、男性に「男性ならではの特性」＝「男性性」を求めます。そして、**仕事における一番の男らしさとは、仕事がデキることです。**

デキる人は、女性に嫌われにくいのです！

「ほんと嫌な人だけど、でもさすがだわ」

「とてもつきあいきれないけれど、素敵なんだよね」

「あの図々しさはどうにかして欲しいけど、それさえ我慢すればいいし」

「タイプじゃないのに、なんだか目が離せないんだよねえ」

そんなふうに、**嫌い切れない**のが、デキる男に対する女性の反応です（もちろん、嫌なところが少なければ尊敬・敬愛されます）。

また、そんなに仕事ができなくても、本当に一生懸命に取り組んでいれば、同じように、嫌われ切ることはありません。場合によっては、デキる人より好印象となることもあるのです。

なぜなら、デキる嫌な人は鼻につきますが、**真面目で一生懸命な人は愛されるから**。母性本能が働いて、「私が応援してあげなきゃ！」と、その人の強い味方になることもあるでしょう。

仕事に打ち込むことは、仕事仲間（特に女性）の心をつかむうえで、必須ですね。

ケーススタディ　case study

佳世さん（38歳）のいる営業部には、対照的な二人の課長がいます。

一人は、須藤課長（47歳）。気さくで明るく豪快で、人はいいのですがいい加減で仕事ができない人[※1]だから、この歳で課長止まりです。

もう一人は、加々谷課長（35歳）。真面目で誰よりも働き、新しいことにもどんどん挑戦します。しかし、冷静沈着すぎる雰囲気で、厳しく近寄りがたいのも確か。

そんな二人が協働して一つのイベントに取り組むことになったのですが、トラブルが発生してしまいました。

年長の須藤課長は怒るばかりで、一方の加々谷課長はあとの対策を練るため部長の元へ向かいました。

部長は、加々谷課長に権限を持たせたほうがいいと考えていましたが、須藤課長が年長のため、なかなか調整

※１　仕事ができなくとも、須藤課長のようなムードメーカーも会社には必要です。しかし、お金が足りないと必要なく残業し、野球観戦だと早退するといったデタラメな人なので、さすがにそんなに出世はしません。

※２　佳世さんは、「善玉のお局様」でした。加々谷課長より年長で経験もあるので、以前からなにかと気にかけてはいたのですが、加々谷課長の人を寄せ付けない厳しい仕事ぶりに、親しくなれずにいたのです。

※３　加々谷課長は、デキる人であるがゆえに、周りの人のことは二の次、まず自分が率先して仕事をするというタイプでした。
しかし親身になって心配

できずにいたところに、問題が起こってしまったのです。

加々谷課長は部長にトラブルの問題点を追及され、事態打開のための議論の末、疲労困憊し席に戻ってきました。

「課長、大丈夫ですか」と心配そうに声をかけてきたのが、部で最年長の女性※2である佳世さんでした。

「ん、まあ、どうにかなりますよ」

「いえ、課長一人が苦労しているように見えたので……」

加々谷課長は、ハッとしたように顔を上げ、

「ありがとう、大丈夫ですよ」と笑顔で答えました※3。その対応から、佳世さんは初めてちゃんと心が通じたと感じたのです。

数日後、部の女性たちはみんな、加々谷課長を支持しており※4、須藤課長は怒りを収めるほかありませんでした。

してくれた佳世さんの対応にホッとした気持ちになり、心のままに笑顔を見せたのです。

加々谷課長は「一人で仕事をしているわけではない」という原則に立ち返ることができ、佳世さんは初めて加々谷課長をサポートできた感覚になりました。

※4

少しでも心が通じれば、真面目で率先垂範型の加々谷課長のことを好ましく思うのは当然です。

周りの女性たちもそうでした。課を超えて、須藤課長はおかしい、加々谷課長が正しいという意見にまとまりました。

このあとも、須藤課長は、ムードメーカーであり続けましたが、部下からの敬意は失われました。

ポイント
point

女性が人を見る目は細かく、厳しい。しかし、率《そっ》先《せん》垂《すい》範《はん》で仕事をしていれば、女性の高い評価を受けられる。仕事に打ち込む姿は、歓迎されます。

6 仕事に対する女性特有のスタンスを理解する

仕事に対する女性のスタンスについて、ここでまとめておきましょう。

1　女性は、**結果よりプロセス**を大事にします。仕事をする過程で充実感、達成感があれば満足するのです。

2　女性にとって仕事は、**自分が幸せになるための要素の一つにすぎません**。男性の「仕事が生きがい」といった価値観で測ると、大きな食い違いが生じます。

3　女性は、**仕事だからではなく、自分が嬉しいことだから人にも、という感覚で仕事に取り組む**ことが多くあります。

4　女性にとって**結婚・出産は一大事業。「一生仕事をする」とは限りません**。

5　女性は、仕事に就いても、**人生と仕事のバランスを考え続けます**。人生＝仕事ではありません。

1は、女性が「結果オーライ」と大ざっぱに考えにくく、目の前の仕事を完璧にこなそうとする性質に関わってきます。このスタンスを理解すれば、**「そこまで完全さを求めなくていいよ、無理しないで」**という対応ができるでしょう。

2は、男性から見た、女性の「仕事に対する甘さ」「個人主義・気分主義」といった誤解を生むもとです。仕事に対して甘さがあるのではなく、**仕事を第一と考えない**だけです。個人主義・気分主義という表現も、女性にとっては心外なものでしょう。

3を理解すると、**女性の共感能力や奉仕の力を、大きく活用する**ことができるでしょう。逆に、女性が喜ぶ仕事を与えれば、男性には考えられないほどの奉仕精神で、プライベートを優先せず、全力で取り組んでくれます。

4は大きな問題です。4章にも記しますが、男性は結婚相手に育児を求める割に、仕事仲間の女性に対しては、結婚・出産についての理解が少ないことが多いようですよね。

5も、4が関係しています。初めから結婚・出産をあきらめ、放棄している女性は少ないでしょう。すると、仕事と人生のバランスを考えざるを得ません。女性は**一概に「昇進して良かった」とは思いません**。それだけ責任が伴い、仕事に人生を制約されてしまうからです。

このように、**女性と男性では、仕事に対するスタンスがかなりの程度、違っ**

ているのです。

いかにヤリ手で、キャリアと成功を目指していると思える女性でも、心の中では、心地よさ、快楽、幸せや安定した家庭などを求めているものです。

こうしたことを理解し、気を配り、心遣いをしてあげないと、女性はヤル気を失ったり、力を十分に発揮できない状態になってしまいます。

それは、男性にとっても、もちろん会社にとっても、そして当の女性たちにとってもマイナスです。

極端な話、各々の女性の仕事に対するスタンスを深く理解すれば、本書で示しているほかのノウハウなど読まなくていいくらいです！

しかし、男女間で、そこまで理解し合うのは無理というもの。

具体的なノウハウを実践し、仕事をする仲間である女性を理解するよう、努力し続けていただきたいと思います。

ケーススタディ　case study

菊池さん（32歳）は、課長という管理職になってから、人生の歯車が狂い始めました。

それまで充実し満足できる仕事人生をおくってきたのですが、部下を使う立場になり、※1彼らの気持ちがよく理解できないことに気づいたのです。

特に、女性を上手く扱えません。菊池課長としては、精一杯気を遣っているつもりですが、女性たちからはあまり好かれていないと感じます。

ついに、ヤル気をなくし会社を辞めてしまう女性が出て、菊池課長は完全に自信喪失に陥ってしまいました。

見るに見かねて、上司の部長が飲みに誘いました。

※2「菊池君、大変みたいだね。でも、厳しいようだけど、これを乗り越えないと、会社ではやっていけないよ。君に足りないのは、自信と人を見る目かな」

※1
指示を得て、自分で仕事をしていく平社員と、管理職とでは、仕事の質に天と地ほどの違いがあります。菊池さんのように、管理職になって上手くいかなくなったと悩んでいる男性は多いものです。

※2
人を上手く使えなければ、管理職についても力を発揮できません。まともな会社なら、窓際族として一生を終えることになります。

※3
菊池課長は、生真面目なタイプです。そのため考え込んでしまい、意識しすぎて上手くいかなくなります。
人の輪の中で揉まれれば、そうした傾向もずいぶんと抑えられるのが普通ですが、若いころにそのような経験を積んでいないと、

「自信はすっかりなくしてますねぇ……」

「人を見る目なんてものは、小さい頃からの経験がものをいうんだし、才能もある。菊池君はそうした鍛練を積む機会があまりなかったんじゃないかな[※3]」

「……そういえば、集団行動が苦手なタイプでした」

「じゃあ、これを読んで参考にしてみたらどうだい」

そう言って、部長は用意していた本[※4]――心理学系、ビジネス系、恋愛系、女性心理系の選りすぐったもの、八冊を渡しました。

「あとね、なにかサークルみたいなのに入ったらどうだ？　好きなことはないのかい？」

「そうですね……キャンプとか」

「それはいい。好きな者同士だと話も弾むからね。君は仕事はできるんだから、今度は人生を学びなさい[※5]」

のちのちつらいですよ。

※4
人づきあいなどに関しても、書籍は有効なサポートをしてくれます。特に、わかりにくい世界（女性含め）については効果的です。
また、ビジネス書やノウハウ書に限らず、小説や映画などにたくさん接することも、人生を豊かにする（人づきあいを上手くいかせる）ために役だってくれます。

※5
部長の言うとおり、学問より人生です。自分を知り、人（女性や他国の人も含む）を知ることで、社会を知ることができます。そして、豊かな人生をおくることができるのです。

ポイント
point

自分を理解すること。
他人を理解すること。
女性を理解すること。
そして女性の立場を理解すれば、
女性から好かれ、
双方の人生が充実します。

コラム１　女性新入社員が選ぶ「理想の男性上司」

学校法人産業能率大学が二〇一五年四月に「二〇一五年度　新入社員の理想の上司」というリサーチ結果*を発表しています。その中で特に、「女性新入社員が選んだ理想の男性上司」を見てみると……。

一位は池上彰さん。博学なのはもちろん、穏やかで包容力のある雰囲気を持っており、厳しいことも的確かつ効果的に言える大人のイメージがありますね。文句なく、女性から見た理想の上司像だと思います。

二位は松岡修造さん。熱血で生一本、親しみやすく面白い。池上さんとはまったく違うタイプですが、「やる気を引き出してくれそう」な上司像ですね。

以下、アイドルグループ「ＴＯＫＩＯ」リーダーでトークが絶妙に上手い城島茂さん、プロサッカー選手の長谷部誠さん、アイドルグループ「Ｖ６」メンバーの井ノ原快彦さんと続きます。

こうして見ると、リーダーシップがあることに加え、包容力があり親しみやすそうという共通点があるような気がします。現代女性の多くは、自分に寄り添ってあたたかく指導・助言などをしてくれる上司を望んでいるようです。

＊産能マネジメントスクールの新入社員研修受講者五九五名（男性四〇七人、女性一八八人）を対象に、二〇一五年三月二十六日～四月十四日に行われた。

第2章

女性の反発を避けるための7つの法則

7 女性社員には「均等に」接するのが基本

あなたには、（恋愛感情ではなく）**「お気に入り」の女性社員**がいますか？　気が合う、愛嬌があり好ましく思う、テキパキと仕事ができ気持ちいい、素直で頭がいい……こうした女性のことがお気に入りになるのは当然ですよね。

対して、暗く陰気で言葉がハッキリしない、なんとなく肌が合わない、要領が悪くイライラさせられる、常識的すぎて面白味に欠ける……といった女性のことは、あまり好ましく思わなくても仕方ありません。

しかし、**それを表に出してはいけません！**

特定の女性と親しげに接していると、男性からすれば、なにも問題がない、なんとも思わない、という程度でも、女性からは**「えこひいき」「特別扱い」**ととられかねませんから。

女性に強くある保守精神は、横並びの仲間意識を強固につくります。そのうえ**些細**《ささい》**な優劣を競い合う心**も強く持っています。さらに、男性に好かれたいと思うのは当然の心理ですし、またキャリア志向の女性なら能力や結果で平等に判断して欲しいとも思います。

心理学的にも、女性は男性に比べ**「親和欲求」と「依存欲求」が強い**という実験結果が出ています。親しい関係をつくり平和にやっていきたいし、いろいろな物事（男性も含む）に依存したがる気持ちも強めなのです。

そうした特徴を持つ女性からすると、男性が「まったく問題ない」と思うような接し方でも、問題アリとなってしまうわけですね。例えば、

・お気に入りの女性とは楽しそうにしばしば雑談し、そうではない女性とは愛想よく接する程度。

・仕事がデキるからと、全幅の信頼をおいている雰囲気で、特定の女性にばかり気さくに仕事を頼む。

・「いつも笑顔で気持ちいいね」など、人前で一人の女性ばかりを大っぴらにほめる。

・「それでいこう。俺たち気が合うな」などと冗談気にでも皆の前で言う。

こうした、男性からすれば「当然だろう」と思えることが、女性からすればあなたへの反感となり、さらには「お気に入り」の女性の立つ瀬をなくすこともあり得ます。

お気に入りで親しいからといって、その女性が問題を起こしても注意しない

——。これは最悪で、絶対に女性たちから白い目で見られます。

特別扱いをしないこと。そのように見られないこと。

差別より、区別、これが原則です。

ほめる時は陰でほめる。職場での会話は、控えめに短時間。デキる女性に仕事を頼む時は、節度ある事務的な態度を保つ。これらを意識しましょう。

もちろん、女性社員それぞれの能力や性格などに応じて、接し方は変わります。そうしなければ女性の有効活用はできませんし、女性社員もつらい目にあいかねません。

また、「えこひいきだと思われないようにしなくちゃ」と、ビクビク臆病になる必要はありません。ただ、お気に入り・えこひいき・特別扱いなどと見られないように、表向きは「均等」に接することが肝心だということですね。

要は簡単なことで、**目立たなければいい**のです。

ケーススタディ　case study

経理部を取りまとめている山田部長（51歳）。二十人近くいる部下の誕生日※1には声かけをするなど、細やかな神経で接しています。

当然のごとく、山田部長は女性たちから「優しいお父さんみたい」と慕われていました。

そこに、新人の美歩さんが加わりました。

「うちの娘にそっくりだよ」

と、山田部長は、美歩さんがかわいくて仕方ないといった様子。部下の女性たちも、「部長、親バカみたいだよね〜」と言いつつも、微笑ましく見ていました。※2

数か月が経っても、山田部長は、美歩さんと話す機会があるとデスクに引き止め、数分楽しそうに談笑します。

そのうち、女性たちの反応が変わってきました。

「あの子、ちょっとうるさくない？」「用事が済んだら

※1
　女性は「記念日」に敏感です。それは、男性の常識をはるかに超えていて、よく男女の意識のズレとして話題になりますね。
　だからこそ、そうしたデリカシーのあるひと言が言える山田部長は、女性たちから絶大な人気を得ていたのです。

※2
　人気のある山田部長だからこそ、部下の女性たちも、初めは普通の感覚で美歩さんとのやりとりを見ていました。
　そうでなければ、この時点で、「えこひいき」「若い子好き」とのレッテルを貼られていたでしょう。

※3
　山田部長が皆から好かれていたため、えこひいきされている美歩さんが攻撃対

すぐ戻ればいいのに」「図々しいよね」

その中の一人は、美歩さんに直接注意[※3]しました。

そのうち、決定的なことを山田部長はしてしまいました。外部での昼食会から帰ってきて、お土産の小さなチョコレートを、「一つだけだから、新人のキミにあげよう」[※4]と、美歩さんに渡してしまったのです。

美歩さんは、前に先輩から注意されたこともあり、すごく困ったのですが、女性たちの攻撃対象は、山田部長に移りました。

「ただのエロオヤジじゃん……」と、〝若い子好きの山田部長〟という悪評価が定着してしまったのでした。

象になってしまいました。

女性の村意識が機能し始め、美歩さんは「山田部長の寵愛を独り占めにしている子」ととられたのです。

※4

一つしかないチョコレートを、一人だけの新人の女性にあげることは、男性からすると、さほどおかしなことではないかもしれません。特に、気さくで屈託のないタイプの山田部長からすれば、ほんとに些細な、何気ない行為でした。

しかし、それまでのことが積み重なった末のこの行為は、女性からすると、山田部長の評価を、完全に下げる決め手となりました。

山田部長は、女心の複雑さを嫌というほど知らされ、女性たちに前ほど気さくに接することはできなくなったのでした。

ポイント
point

親和欲求と依存欲求の強さ。
守りと横並びと些細な競争。
それが女性の特性。
えこひいきではなくても、
女性の目には違って見える。
感情的な特別扱いは、
厳に慎みましょう。

8 男性だけで固まらない

男性社員同士では親しく話し、真剣で深い仕事の話もするのに、女性社員に対しては事務的なことや、(仕方なしの)愛想めいたことばかり。

あるいは、女性も交えたミーティングで話が煮詰まった時、「ま、今日はこのへんにしとこう。みんな、考えといて。でさ、○○君、今日飲みに行くか」と男性社員だけを飲みに誘う……(「結局、彼らだけで話を決めるんだ」と思われます)。

そんな**「隠れ女性差別」**のビジネスマンは少なくありません。

「別にかまわない」という割り切り腰かけOLもいるでしょうが、やりがいを求める女性からは、「相手にされていない」「女を低く見ている」「戦力として見られていない」と、すぐ見抜かれますよ。

そして、女性ネットワークの中で、「彼はダメだよね」との烙印《らくいん》を押されてしまうのです。

日本の会社が男性社会でずっと構成されてきたため、女性はいまだに「お荷物」的に扱われることが多くあります。だから女性は、女性ゆえの差別やヤッカミをたくさん受けてきています。女性は、差別されることに敏感なのです。**男女変わらず、仕事の大切なパートナーである**という基本を守らないから起こるトラブルですね。

また、**男性だけで固まってコソコソ話している**のも、女性から敬遠される態度の一つです。

例えば、

・喫煙所で企画書を広げ、男だけで談合。

・オフィスの片隅で小声で話していたかと思えば、急にケラケラと下品な笑い声をあげる。

・同僚同士で飲みに行った時の話題を、しょっちゅう持ち出す。

これらに対する女性の反応が、

・「男だけでなにを話してるの？　私は戦力外？」

・「男だけでヒソヒソなんて、なんか嫌《や》な感じ。女々しいなぁ」

・「いつも男同士の話題ばっかり……。まぁ私たちは、彼らのことなんて相手にしてないからいいけど！」

という感じになるのも当然ですね。

最近見て驚いてしまった光景ですが、二十、三十代のスーツ姿の男性だけでファミレスに居座り、5人でスウィーツを食べていました。別にいいのですが、その場の雰囲気が女性っぽくて、私としては少し興ざめな気分になりました。男性に女性っぽいことをされると、女って妙な気持ちになるものです。

男性だけで固まるような姿勢は、**男の村社会**をつくるもとです。

そして、男だけでコソコソと話していると、男の村社会ぶりが女性たちにピンと届いてしまいます。

結果、どうなるかというと、女性たちはそんな男性たちを相手にせず、**女の村社会**づくりに専念します。そして、男性・女性間のつながり、コミュニケーションがうまくいかなくなり、仕事環境も仕事自体も悪い形になるわけですね。

女性はもともと横の意識が強く「村」をつくりやすいのに、男性がこんな態度に出れば、それを助長する、格好のエサを投げているようなもの。

男性だけで固まってコソコソなんて、それこそ「女の腐ったような姿」に見られてしまいますよ。

なにしろ、**カッコイイ姿ではない**ですから、もっとオープンにいきましょう！

ケーススタディ　case study

女性からの評判が悪い黒田係長。上司※1の評価はけっこう高く、仕事熱心でもあるのですが、なにせ彼は「隠れ女性差別者」なのです。

晶子さん（28歳）が、チェックしてもらおうとデータの分析結果を持っていけば「あー、ありがとう」と口先だけは愛想がいいものの、すぐに隣の男性にそれを見せ、なにやらコソコソと話している。

『なに言ってるんだろう。あんなに小声でヒソヒソと話※2してるんじゃ、ろくなことじゃないかも。ほら、笑ってるし、どうせ〝あいつにしちゃよくできたな〟とか、そんな話でしょ』

給湯室に行った晶子さん、同じ部署で少し後輩の佑美さんに会いました。

「今、黒田※3にデータ持ってったんだけど、見てた？」

※1
意識の高くない上司なら、女性たちに嫌われていることなど関係なく（気づかず）、けっこう高評価を与えていたりするものです。

※2
「ヒソヒソ話して笑う」のは、人に誤解を与えるのにすごく有効な手段！　被害者意識の強い人でなくても、笑っているのを聞けば「私のこと？」と思うもの。女性は特に敏感です。

※3
嫌った人、ダメ男の烙印を押された人のことは、上司だろうが平気で「黒田」呼ばわりです。ここまで来ては、もうおしまいですね。

※4
実際男性は、女性社員の異性関係やセクハラめいた話が好きなようです。そう

「見てた見てた」と意気込んで話に乗ってくる佑美さん。

「なに、あの態度。なに話してんだろうね？」

「どうせ悪口ですよ。〝彼氏がいて忙しいだろうにな〟[※4]とか、そんなバカな話してるんですよ。私、前に聞いたことありますもん」

「なに言ってるんだか知らないけどイヤラシイよねー。悪口言うなら、もう少し経ってからにしろってのよね。速攻コソコソだもん。デリカシー[※5]がないよね」

「だから、腹黒田なんですよ」

「そういう人だもんね」


いうことをちょっとでも耳にした女性社員は、「セクハラ男」と相手を位置づけ、格好の話のネタにします。

※5
　晶子さんは、別に被害妄想でも、物わかりが悪いわけでもありません。「せめてデリカシーが欲しい」と思っているのです。「デリカシー」「愛・共感」といったことは、女性にとってとても重要です。

ポイント
point

男性同士のヒソヒソ話は、百害あって一利なし。コソコソすることは、嫌われる行動の代表格。男だからこそ、堂々といきましょう！

9 **権威を振りかざしてエラそう**

権威をひけらかして上から目線でものを言ったり、相手の立場や心理を考慮することなく無理な命令をしたり、エラそうにふんぞり返っているけれど仕事ができないなど、いわゆる**「勘違い上司」**はよくいるものです。

というと、五十代で頭カチカチのうだつの上がらない部長さんなどを思い浮かべるかもしれませんが、三十代でもそういう人がいて、年代限らず散見されるようですね。また、主任とヒラといった場合でも、勘違い上司になり得るというのですから驚きです！

そういう男性は、**特に女性に対して「エラそう」になる**ことが多いもの。しかも、そんな人に限って、上司にはペコペコしたり、お金にセコかったり、セクハラまがいのことを平気でしたり言ったり……。

相手の立場が上なだけに、女性はそうそう文句を言うこともできません。不満がたまり、単なる嫌いでは済まず「生理的にムリ！」となることもあります。

女性の見る目は細かく鋭く、そして感覚的です。こうした男性のことはすぐに見抜き、自分たちの中で「下」に置きます。

最悪のパターンですね。

もちろん、ここまでひどい人ばかりではないようですが、今回の座談会でもいろいろな「エラそう上司」の例が出ました。

●言葉

・「おまえ、協調性ないね」（「おまえ」と言う時点で、もうおかしいから）
・「余計なことをするな！」（私がしなかったら、仕事にならないくせに）
・「私語を慎め！」（自分たちはさんざんしてるのに、どうして私たちだけ？）
・「おまえのミスだろ！」（自分のミスと思われるのが、そんなに怖い？）
・「ちょっとキミ、ここ来て」（名前も呼ばず威圧的。何様のつもり？）

●行動

・「外出」とホワイトボードに書いて、しょっちゅう直帰する
・豪華な椅子を会社に持ち込み、始業から終業までふんぞり返っている
・仕事のことをよく知らないのに指示を出し、うまくいかないとすぐ怒る
・電話で済むような簡単なことでも、すぐに呼びつける
・「上司であることの大変さ」を、上から目線でしょっちゅう愚痴る

こんなにあからさまでなくても、「言われたことをやって」「もっとがんばって」「どうしてできないの?」「そんなことじゃ仕事にならないよ」「キミねー(ため息)」といった普通の言葉でも、言い方や態度に「エラそう」が出て、鼻につくこともあるのです。

「もっとがんばって」と、相手のスタンスや気持ちを考慮したうえで、タイミングよく励ますのなら素晴らしいですが、同じ言葉でも「どうしてできないんだ、俺の足を引っ張りやがって」という気持ちで言えば、最悪の言葉になるということですね。

要は、価値観・考え方次第。

「上司だからといって偉いわけではない」

「上司は部下を尊重して取りまとめ、仕事をうまく進めるのが役割」

このような考えをしっかり持っていれば、すぐに気持ちは伝わるでしょう。

ケーススタディ　case study

営業部署に、所長として真辺さんが就任しました。弱冠三十二歳、営業経験なし、一流大卒で会社の出世コースに乗り、「一時の場」※1としてやってきたのです。

部下は女性ばかりで、その部署で十年、二十年とやってきた人もたくさんいます。妻や母という立場の人も多く※2、彼女たちは、一生懸命プロとして働いています。

ここで問題が起こりました。真辺所長が、「所長様」とばかりに偉そうな態度に出てしまったのが発端です。頭でっかちで、見当違いな指示を出しては失敗する。しかも、プライベートと仕事を変にきっちり分けていて、※3部下たちが困っていても、相談にのるどころか、声かけすらしませんでした。

ほどなく所長は、女性たちの反感を買い、ついにはろくに仕事をしなくなりました。

※1　特に大企業でよくあることですが、上の立場に落下傘のように下りてくる上司がいます。多くの場合、仕事を知らないこうした上司は、「困った人」になってしまいます。

※2　女性の場合、結婚、妊娠、出産など、さまざまなライフステージに縛られていることがあります。プライベートな悩みを抱えている人も多いのです。男性は家庭ではもちろん、会社でも女性への思いやりが必要です。

※3　複雑な女性の立場や心情を理解しサポートするのが、上司の大切な務めなのに、真辺所長はエリート流に「仕事とプライベートは別」と、まったく意に介しません。

そして、とうとう女性たちの不満が爆発。

部署の全体会議でのこと、営業歴二十年、四十二歳の女性が、

「所長の仕事って、なんですか」と口火を切りました。

あとはどんどんエスカレートし、

「どれだけ頭がいいのか知らないけど、利益を出してるのは私たちですよ」「あなたの給料を稼いでるのも私たち」「なにもわからないのに指図して、最近じゃなんにもしてないですね」「正直言って、あなたの下で働きたくないです」「私たちは、あなたを養うためにいるんじゃありません」と非難の嵐。※4

その後、関係修復など望めるはずがなく、真辺所長は女性たちの訴えもあって、他の部署に移されました。

会社における彼自身の評価も下げられて……。※5

そこには当初から、「一流大卒の自分」と「高卒営業女性」といった差別意識が隠れていたのかもしれません。

※4

女性は、やる時にはやります。女性集団の攻撃の的となれば、絶対に勝てません。なぜなら、会社にとって彼女たちは必要不可欠ですし、結びつきがすごく強いから。

このように「怖い」存在である女性ですが、怖くしたのは真辺所長自身です。意識を変え、やり方を変えれば、彼女たちは強い味方になってくれるのです。

※5

結局、真辺所長は、部下たちの士気と同時に、自らの評価を下げ、会社に損害を与えました。ここには、なにもプラスがありません。

ポイント
point

上司は、調整役であり、
リーダーでもあるが、
決して権力者ではない。
部下があってこその上司。
部下を「コマ」としてとらえず、
上手に扱ってこそ、
真のビジネスマンです。

10 お局《つぼね》様を怖がってばかりではいけない

ある程度以上の集団になると、女性も男性同様「派閥」をつくります。

しかし、男性と女性とでは顕著な違いがあります。男性は「仲良し集団」以外に、仕事上の都合や出世に関係する派閥ができやすいのに比べ、女性は「好き嫌い」といった**プライベートに近い感覚による派閥**となりやすいのです。

派閥と言うより「グループ」と言ったほうがしっくりくるかもしれませんね。「あの人たちはおかしい、嫌い」「私たちは正しい、仲良し」といった具合です。

そして、それぞれの組には「リーダー」的な存在の女性がいて、その人が大きな力を持つようになると、いわゆる「お局様」になるのです。

お局様は、たとえ**権力を持っていなくても、絶大な影響力を持っています**。その人が「嫌い」と言えば、「グループ」のみんなが嫌いになります（そうならざるを得ない……）。

それだけの力を持っているのですから、世のサラリーマン諸氏がお局様を怖がるのは無理からぬことですよね。少し大げさに言えば、**お局様を攻略することはビジネスマンとして必須事項**なのです。

お局様には、大きく以下のようなタイプがあります。

1　強いキャラクターの、自己中心的な女王様タイプ

美人だったり、仕事ができたり……女性たちを従える強さを持っている人で、取り巻きを時には甘やかし、時にはいじめたりします。男性に対しては、無用な反抗をしたり、逆に取り入ったりする、悪玉タイプです。

2　人はいいが、仕事に対して細かすぎる視野が狭いタイプ

このタイプには年輩者が多く、自分の積み重ねてきたスキルや彼女なりの狭い「常識」を振りかざします。男女・社内の序列の上下、また、仕事・プライベートかかわらず細々と口を出す厄介な人です。

3　肝っ玉母さん的で人望があるタイプ

細やかな心遣いで女性たちの相談にのったり、アメとムチを使い分け、しっかり指導し育てるタイプ。

以上1～3のうち、問題があるのは1と2ですね。では、その対策です。

1の自己中心タイプの場合、仕事に支障をきたすほどだったり、取り巻きの女性や部下の新人男性などがいじめられて参ってしまうようなら、当然**うまいこと「やっつける」**必要が出てきます。

あなたが大きな権力を持っていないのなら、なるべく力の強い上司を巻き込むことがポイント。お局様によってどれだけの弊害が出ているか説得し、できれば部署ぐるみ、会社ぐるみで彼女に対抗するのです！

そうすれば彼女は、心を入れ替え態度を軟化させるか、あるいは孤立して辞めていくでしょう。

2の視野が狭いタイプのお局様に対しては、彼女のスキルをきちんと認めてあげることが必要です。会社への不満がなくなれば、言いがかり的な小言が減るケースが多く、次第に彼女は、しっかりした女性たちのリーダーとして皆をまとめてくれるでしょう。

時には、あくまで平等の立場で共感を示しつつ、彼女たちの価値観を広げる手伝いをすべき場合もあります。彼女が認める、心の広い男性がその任を引き受けてくれれば、成功する可能性が高くなります。

このように、お局様は厄介な存在とはいえ、それぞれ対応策はあります。無用に怖がり、「グループ」の女性たちの関心を買おうと迎合しないように！

ケーススタディ　case study

佐藤課長（35歳）が異動した部署で、部下になったのが千佳子さん（42歳）。

初めは千佳子さんのアドバイスを喜んでいた佐藤課長でしたが、そのうち「そのネクタイじゃ派手すぎますよ」「課長は理解度が低いんじゃないですか？」など、風向きが怪しくなってきました。[※1]

おかしいなと思い同僚に聞くと、彼女はこの部署のお局様だと言います。そうとわかった佐藤課長は、一気に警戒モードに入ってしまいました。[※2]

彼女の「助言」や「指導」に、ハイハイと素直に従い、なるべく反感を買わないように接していましたが、千佳子さんの言動はどんどんエスカレートし、たまりかねた佐藤課長は、ついに爆発してしまいました。

「それは余計なお世話[※3]です、ちゃんと自分の仕事をやっ

※1
　この時、千佳子さんにはハッキリした反感はありませんでした。むしろ、出来の悪い息子や弟に接するような、彼女なりの親切心だったのです。
　このような「勘違い」が、お局様にはよくあります。

※2
　佐藤課長は真面目で優しい人なので、上手くやろうと、必要以上に慎重になってしまいました。
　相手が下手《したて》に出ると強く出てくるのが、「視野の狭い権力者」の特徴です。佐藤課長は千佳子さんに「ナメられて」しまったのでした。

※3
　お局様への対応を間違えた佐藤課長は、ついに正論を吐いてしまいました。千

てください。私の指示に従ってください」

それからというもの千佳子さんは、事務的なやりとり以外まともに口もきいてくれず、無視の態勢に入ってしまいました。そのうち、部署の女性社員全員が、程度の差こそあれ、佐藤課長を無視するようになったのです。

うつ状態になった佐藤課長は、上司に相談しました。

「そりゃマズいね。お局さんにそんなこと言ったら致命傷だよ。でも、図に乗らせないよう、上下の別はハッキリさせないと。僕は、誕生日にはプレゼント贈ってるよ[※4]。そういう細やかな気遣いには応えてくれるからさ。まあ、彼女にちょっと言っておくよ」

その後、無視の程度は弱まったものの、佐藤課長は、女性社員たちから一線を引かれ続けたのでした[※5]。

佳子さんにとって、その「正論」は明らかな反抗であり、「優秀な自分」という自己評価を汚すものでした。

※4
怖いお局様といえど、女性です。弱い（と思っている）自分を認め、共感してくれ、デリカシーある細やかな気遣いをすれば敏感に反応します。

※5
千佳子さんの自尊心は深く傷つけられているので、態度を明らかに軟化させれば、自分の負けと彼女は思います。
一度敵になってしまったら、関係修復はまず無理と考えたほうがいいでしょう。何事も初めが肝心なのです。

ポイント
point

お局様は、女性ならではの「共感社会」の産物。むやみと踏み込むべからず。仕事仲間として能力を認め、細やかに接していくことが肝要。味方につければ百人力です。

11 ケチな人は絶対に尊敬されない

女性からの好感度を下げる、単純で決定的な要素がいくつかあります。

・不潔、だらしない
・見境なく女好き
・ガサツ、粗暴、乱暴
・落ち着きがない、余裕がない

後ろにいくほど性格的な面が強いですが、これらは心がけと訓練次第で、かなりの程度克服できます。また、克服法も簡単に考えつくでしょう。

もしあなたがこうした要素を持っているなら、この機会にぜひ直してくださいね。

さて、もう一つのダメ要素が、本題の「ケチ」です。

ケチと節約は当然違います。この場合のケチとは、**セコい・コスい・細かい**といった色合いのことです。

例えば、みんなで飲みに行って、**端数まできっちり割って払うように要求する。**

これを上司がしたら、最悪です！　男女限らず、いっぺんで人望をなくすでしょう。

同僚との飲み会でも、毎回ピッチリと割り勘で支払うのは好まれません。ポイントを溜めようとしていつもクレジットカードを使う、という手が見え見えなのも情けないですね。

こういう人は、こと会社組織の中での飲み会では、融通が利かない・うっとうしいと思われ、結果、**「仕事のできない人」「器の小さい人」**という評価にまでつながります。

お金のことはみんな重要に思っているので、素早く深く反応するのです。ですから、特にわかりやすい勘定の時などには、くれぐれもこうしたケチさを出さないよう心がけるべきです。

総じて女性は、**身近なことに視点が向きやすく、現実的です。**半径五メートル以内の世界で生きています。

中でもお金は、身近であり、極めて現実的なもので、しかも切実。ですから、女性は**お金に対する視点が厳しい**のです。

そのような金銭感覚を持つ女性に対して、いつも割り勘を要求していたら？

「学生時代の恋人同士じゃあるまいし、大の男がこんなセコいことを……」

「ごちそうして欲しいとは言わないけど、あのセコさはどうにかして欲しい」

「ちっちゃな人だな、絶対上司にはなって欲しくない」

「こんな上司になんか、ついていきたくない」

などと思われて当然でしょう。

いつも気前よくご馳走《ちそう》してあげて、そのせいでお金にきゅうきゅうとしていてはダメですが（これはただの「いいカッコしたがり」）、時にはおごってあげるくらいの度量が欲しいところです。

例えば、「女性は二千円、男性は三千円」などとすぐに指示し、**自分は端数を含めて多めに払うような姿勢が尊重されます。**

そうして好感を持たれれば、女性たちの本音も聞き出せるというものでしょう。

そのくらいの**「ふところの深さ」**を、女性は求めています。

ケーススタディ case study

バリバリ仕事をして成果をあげ、背も高くイケメンの桑原主任（29歳）。でも、ケチでお金に細か過ぎるせいで、女性からの評判はかんばしくありません。

でも本人は、まったくそれに気づいておらず、※1 同じ部署に好きな女性ができてデートに誘いましたが、やんわりと断られてしまいました。

ある日のこと、ミーティングのあとの昼食会で雑談タイムとなり、話の流れで桑原主任が言いました。

「けっこう貯めましたよ。お金はしっかり管理してますから。僕、経理のほうがよかったかも（笑）」

桑原主任は冗談のつもりですが、ほかの人は苦笑い。あとでその話が、女性たちの間で格好の笑い話になったことは言うまでもありません。

しばらくして、桑原主任はチームリーダーに飲みに誘

※1
　女性社員は、少しでも上の立場の男性に対して、まず絶対にその人の悪いことを面と向かっては言いません。親切なアドバイスなどしてくれないのです。
　「女性の中での自分の評価」を知るには、親しい女性をつくって聞くか、自分で見て取るしかありません。

※2
　繰り返しますが、節約とケチ、キチンとしていることとケチは違います。
　しかし桑原主任のように、自分はしっかり公正にやっているだけでケチなわけではない、と思い込んでいる人がけっこういます。こうなると、もはや悲劇です。

※3
　「いい塩梅」は、人生において必要なことでもありま

われました。お酒が進みある程度経ったころ、

「桑原君さ、割り勘やめなよ」とリーダーが言います。

「え？　どうしてですか？」

「セコくてセコくて、見てらんない。評判悪いよ」

「そんなことないでしょ。ちゃんとしてていいじゃないですか※2。いい加減なこと、僕は嫌いなんです」

「いい塩梅※3、ってもんがあるんだよ。桑原君の割り勘ぶりは、いい塩梅《あんばい》から外れてるんだ。セコいと思う人に、ついていこうと思うか？」

「それは……」

「一度パッとおごってみろ。その時は金のこともいちいち言うな。そうしてれば、そのうち皆の態度が変わってくるよ。そうなれば、俺だって見直すよ」

す。いい意味でいい加減でないと、他人も自分も窮屈になるのです。

　うまく「いい加減さ」を使えなければ、仕事でいい企画も浮かばず、人の心も良くわからず、臨機応変に対応できず、危機や問題にぶつかるとヘコんでしまいます。

　大きな視点を持てば、さまざまなことがうまく回ります。生真面目ではなく、真面目。頑固ではなく柔軟。あきらめではなく開き直り。車のハンドルの「遊び」のように、心に余裕を持つことが、人生をうまく進ませる秘訣です。

ポイント
point

ケチな人は、みんなに嫌われる。
特に女性に嫌われ、軽蔑される。
ケチな人は、人生を棒にふる。
ケチではなく、節約家になろう。
「良い加減」を知れば、
世界が広がります。

12 恋人探しに躍起！

女性が数多くいるオフィスで、好きな人ができるのは自然なことです。

でも……彼女がいなくて（あるいはいても）、「あの子、いいな」「今度ごはんに誘おうか」「あの子もいいけど」「どっちが脈があるかな」と、本来**ビジネス上の仲間である女性社員を、恋愛対象としてしか見ない**のは大問題！

なぜかというと……。

・軽い男と見られ、悪い評判が女性社員の間でたちまち広がる。
・下心があるのではないかと敬遠され、仕事がうまくいかなくなる。
・「職場の同僚ではなく、ただの女として見られてる」と不快に思われる。
・セクハラと受け取られ、著しく評価が下がる。

などなど、**たくさんの弊害が出てくる**可能性があるからです。

好きな人ができたらその人一人に絞って、ビジネスとプライベートをきちんと分けて行動していけば、こうしたことは起こりません。

しかし、ある人がダメだったら次はこの人、派遣やバイトの女性にまで声をかける、ということでは、たとえ仕事ができたとしても**女性からの尊敬を受け**

ることはなく、結果的には出世にまで響いて、「仕事のできない人」へと落ちぶれる可能性だってあります。

バリバリ仕事をし、社内の女性を遍歴するという、マンガのような世界を夢見ている人がいるかもしれませんが、そんなことは現実にはまずありません。

仕事ができてモテる男性は、会社の外の世界でもモテるのです。

手近な会社内だけに目を向けているようでは、会社員としても、男性としても、一流とは言えません。

もちろん、**仕事先（クライアント）の女性にアプローチする**のは、さらに危険です。見境のない行動と取られかねません。

「そんなことを言われても、実際に受付の女性と結婚した人はいるし、仕事先の女性を彼女にした人だっている」と、反論を唱えられるかもしれませんし、事実、そういう男性はいるのですが、ほとんどが「さほど仕事のできない人」のようです。

少なくとも、女性による今回の座談会ではそうした評価でしたが、あなたの同僚や知人でそのような男性がいるなら考えてみてください。

彼はとても有能で仕事ができ、出世しましたか？

だいたいの場合、お調子者で軽く明るいがゆえに、ある程度は出世するかもしれませんが、**「ある程度」止まり**です。

また、妻子がいて、暗く湿っぽい感じなのに、なぜかモテるという男性もいて、その中には節操なく部下と不倫をする人もいます。そういう人も、チームのリーダー、部課長クラス止まりのようです。

「女性大好き」なのはいいですが、もっとフィールドを広げましょう！

会社や仕事先は、本来、恋の遊び相手を探す場ではありません。

ケーススタディ case study

製造の現場で働く拓也さん（27歳）は、社内の女性たちから「タネ馬」というものすごいあだ名をつけられています。

同時期に会社の女性三人に振られ、その後、派遣社員の受付嬢とつきあったことが発覚したからです。

実は、この話の出所は、拓也さんが気を許している同僚男性[※1]でした。（彼はさすがに、拓也さんが受付嬢と並行して、仕事先の女性ともつきあっていることは言わなかったのですが……）。

会社の女性に振られた時点では、拓也さんが気のいい人であり、どこか憎めないところもあったので、まだ女性社員たちは好意的でした。

しかし、受付嬢とつきあった[※2]と知れた時、これまでの事実は一気に悪い噂《うわさ》として、女性たちほぼ全員に広まっ

※1
「人の口に戸は立てられず」と言われるように、ウワサ話をとめることはできません。
　男性は色恋沙汰の話をするのが好きですが、危険な話題は漏らさないに越したことはありません。会社の友人など、さほど思いが深くないことも多いものですよ。

※2
　女性はヨコのつながりが強く、派閥ができるほどの「仲間意識」を持っています。
　女性たちの逆鱗に触れたのは、受付の女性にまで手をつけた、という点でした。
　男性は、社内でなければいいだろう、派遣の受付の女性なら問題も少ないだろう、と考えるかもしれませんが、逆です。「たいしてキレイでもな

たのです。

　百人程度の会社で、女性社員は四割くらいを占めていましたから、拓也さんにとって致命的でした。

　話は男性同僚から上層部にまで及び、ついには上司に呼び出されて、こんこんと説教されました。

「遊びもほどほどにしろよ。会社中に広まってるぞ。同じ男だから気持ちはわかるけどなー」

「すみません……」と殊勝な様子の拓也さん。
※3「一応言っとくがな、こうも女性を敵に回したら、もう出世はあきらめたほうがいいかもしれないぞ。それくらい、女のネットワークってのは怖いんだ。このまま日陰で勤め続けるか、会社辞めるか、あるいは彼女と結婚するか、だな」
「ええっ！」

い」（などと女性はよく思うものです）よそ者が、愛嬌振りまいて男を引っかけたということで、その受付の女性の評判まで下がるでしょう。

※3
　この上司は半ば脅しで言っているのですが、本当にそういう事態になりかねないのです。そこまでリスクがあるということを、心がけておくべきです。

　女性集団の「白い目」に囲まれたらツライ毎日となります。そして、彼女たちに嫌われたくないという気持ちから、男性たちも拓也さんを軽んじるようになります。

　拓也さんはこの件で、一気に評価を逆転させる有様となってしまいました。驚いても、後の祭りです。

ポイント
point

会社はビジネスの場、女性社員は仕事の仲間。性の対象として見るなど、男性失格、人間失格。仕事のフィールドでの火遊びは、やめましょう。

13 セクハラ・パワハラは論外！

セクハラ（セクシャルハラスメント）＝異性に対する性的嫌がらせ。

セクハラは大きな社会問題として注目を集めており、あからさまなセクハラをする人（それを許す会社）は少なくなりました。

とはいえ、今回の座談会でも、セクハラに関する話題が尽きることはなく、**男性と女性の意識のギャップ**をしみじみ感じました。

以下に、その具体例を示しましょう。

男性からすれば、セクハラとは思えないこともあるかもしれません。しかし女性は、このようなことをセクハラととらえるのです。

●言葉

・「きれいな子を採用してくれって言ったのに、なんでキミが来たんだぁ？」

・「僕には足が三本あるんだよ」（エレベーターの中で二人きりの時に）

・「太ったよね？」（毎日のように会っている業者の男性から）

・「お相手は女好きだから、うまくやってよ」（営業先に行く時に）

・「もっと女らしくしたら？」（軽蔑したような口調で）
・「妊娠四か月くらいだな」（お腹が出ていることを笑って）
・「夜、寂しいんじゃない？」（ご主人が長期出張している女性に）
などなど

●行動
・精力剤に関するうんちくを話しかけてくる
・エッチな感じの物を見せつけ反応を楽しむ
・立って話す時に妙に距離が近い、接近してくる
・家庭持ちの上司から突然、結婚してくれと言われた
・接待の場に、ホステス役として連れていかれる
・親しくもないのに、上司から二人だけの昼食に誘われる　などなど

セクハラは、された女性が嫌がらなければ成り立たないものですが、会社での言動として右記のようなことをされれば、嫌なものです。

しかも、日本の女性は、**「嫌だ」という感情を率直に出しにくい**状況におかれています。それは、感情を出すことで関係が悪化することを恐れ、笑って済

ませたり我慢したりしたほうがいいと判断するからです。

また、男性の側としても、女性から「エロオヤジ」の称号を与えられ嫌われるだけで、何もいいことはありません。自分で自分の首を絞めています!

さらに深刻なのは、パワハラ(パワーハラスメント)=地位や権力を利用した嫌がらせです。

なぜなら、パワハラは軽いセクハラよりも強烈に人を追い詰めるうえに、やる人はクセになっていてまず直らず、かつ上司であるという立場を利用したものだけに反抗することが難しいからです。

例えば、無理な仕事を押しつけて苦しめることもパワハラです。物に八つ当たりし、大きな音を立てて恐怖心を与えるのも、「バカ野郎」「このくらいのこともできないのか!」などと罵ることもパワハラです。

座談会では、こうした男性たちは、だらしない見かけで、仕事のデキない人が多かったという意見が出ました。逆に言えば、デキない人だからセクハラやパワハラをするのかもしれません。

女性の力を活用し、デキるビジネスマンとして認められたいならするべきではありません。

ケーススタディ　case study

アルバイトで大手経理事務所に入った優希さん（21歳）。素直でクレバーですが、内気なタイプです。

出社して一日目、担当になった大山課長（45歳）に挨拶したところ、彼の第一声は、「かわいいね、彼氏いるんでしょう？」[※1]でした。優希さんは赤面して否定しましたが、心の中では、「会社ではこんなこともあるんだろうな」くらいに思っていました。

しかし、その日から大山課長は、やけに近づいて手取り足取り指示をし、なにかと腕や肩にも触れてきます。優希さんは嫌でたまりませんでしたが、その日は我慢して[※2]、ようやく退社しました。

その後、一週間にわたり同じような状態が続き、ちょっと嫌がるそぶりは見せるものの、なにも反抗してこない優希さんの様子に調子に乗ったのか、大山課長はとう

※1　この時点で、すでにセクハラです。言葉によるセクハラで有罪判決が出た判例は無数にあります。
　こうした傾向には、（特に男性から見ると）過剰と思われる面もあるのですが、セクハラと取られかねないことをしなければいいだけです。

※2　裁判までいかなければ、会社なりが加害者・被害者双方の意見を聞き判断します。
　会社の体質により、男性に有利な判断をされることもあれば、即厳罰という会社もあります。

※3　優希さんの性格からして、そのまま泣き寝入りとなるところでしたが、年長の香里さんの登場で一気に

とう優希さんのお尻を触りました。しかし、

「ああ、ごめんごめん」と相手はまるで気にしません。

優希さんは、その一週間で会社を辞めました。

後日、優希さんのお姉さん的存在※3である香里さん（28歳）がその話を聞き、激怒しました。

「それって完全にセクハラじゃない！　ちょっと私、そこに電話してみるわ。番号教えて」

マスコミ関係で活躍している彼女は、渋る優希さんから番号を聞き出し、さっそく電話しました。

「先日御社を退社しました鹿島優希の関係者ですが、御社ではセクハラ防止委員会※4などは設置されていませんか？

ああ、ではそちらに回してください」

数日後、大山課長の上司である部長が謝罪に訪れ、大山課長が降格処分※5になることを告げました。


形勢が変わりました。

人間関係においては何事も、相手だけを見て判断してはいけません。横に、後ろに、誰がいるか知れたものではないのです。

※4
大手企業では、セクハラ防止委員会といった内部組織をつくっているところが多くなっています。それだけ大きな問題になっているということです。

※5
彼からすれば「小娘一人をちょっとからかっただけ」かもしれませんが、結果は重いものでした。

重要なことという意識がなかった彼の自業自得です。

ポイント
point

セクハラ、パワハラは、
卑怯《ひきょう》な弱い者いじめの一つ。
誰にとっても、
百害あって一利なし！
女性をなめてかかっては、
しっぺがえしを食らいます。

コラム2　新入社員の男女別による「理想の男性上司」

産業能率大学「二〇一五年度　新入社員の理想の上司」から、男性新入社員と女性新入社員が選ぶ「理想の男性上司」を見てみましょう。

男性新入社員が選んだのは、一位から順に、松岡修造、イチロー、池上彰。女性新入社員が選んだのは、同じく順に、池上彰、松岡修造、城島茂となっています。

男性が選んだ松岡修造さん、イチローさんは、共に特殊能力がある熱血系で、やる気を引き出し一緒に頑張ってくれそうなイメージだと思います。

女性も、松岡修造さんが二位に入っており、そうしたぐいぐい引っ張ってくれるタイプも望んでいるのがわかりますが、他は池上彰さんと城島茂さん。どちらも「熱血ぐいぐい系」とは言えません。ほんわかと優しく理解力・包容力があるタイプに思えます。やはり女性には「仕事に（多様な意味での）心地よさをもたらしてくれる上司」が望ましいのですね。

男女ともに選ばれた池上さんは、まさに理想の上司像と言えるでしょう。

ちなみに、女性新入社員が選ぶ「理想の女性上司」は、断トツで天海祐希さん。同じ女性ですから共感力に心配はなく、きちんとした強いリーダーシップを求めているのかもしれません。

第3章

女性の「ヤル気」を引き出す6つの法則

14 女性からの意見に「闘争」を持ち込まない

基本的に男性は、タテ社会に生きています。

会社も、新入のヒラから始まって、係長、課長、部長……としっかり序列がつけられています。

その中で男性は、**闘争し、階段を上っていきます。**

「仕事なんかそこそこでいい」「出世しなくていいよ、クビにならなければ」という価値観の人でも、会社自体がタテの構造になっていますから、否応なく序列を意識するでしょう。

そうした中で、上・下という立場を巡る、男本来の闘争心が、少なからず植えつけられます。

ところが、女性はそうではありません！

脳の仕組みからして、またそれまでの教育・遊び、人生経験からして、**女性は「協調」「共感」「融和」の精神が強い**のです。そうした価値観で仕事にも取り組みます。

懸命になって出世しようとしているキャリア組の女性だって、男性とはどこか違うもの。「相手を打ち負かし出世する」より「周囲の理解を得て、穏やかな心の平和を求めつつ出世する」ことを望む傾向が強いのですね。

そんな男女の違いから、問題が生じることがしばしばあります。

例えば、**男性であるあなたが、部下の女性から「意見」をされたら？**

普通なら、ふむふむと話を聞くでしょう。

しかし、あなたの意見と違う面が多々出てきた時、ふと心の中に「違うな」「わかってないな」という苛立ちや呆《あき》れを覚えることはないでしょうか？

さらに、**相手の言い分のほうが正しいと認めざるを得ない場面**になったら……素直に彼女の意見を取り入れられるでしょうか？

心の中に、どこか「まあ今回は折れてやろう」という気持ちがありはしませんか？

それが高じると、相手の意見が正しいと心の中で思っていても、**ついつい否定し、彼女をやりこめるような言動**をすることがあります。

これぞ、ザ・闘争心！

タテ社会の中で生きてきた男性にとって、そうした気持ちが起こるのは仕方のないことです。

しかし女性からすると、

「どうしてそんなにムキになるの？」「頭ではわかってるみたいなのに、なぜ否定するの？」という大きな疑問と失望を覚えるのです。

「仲間のためになりたい」という利他の精神も、女性に強くある特質です。人が喜ぶことをしたいのです。なのに、そこに競争原理を持ち込まれては……その男性を仲間と思うはずがなく、女性の持つ素晴らしい美質を発揮することもできません。

女性がきちんと意見や提案をしてきた時、それは**あなたを打ち負かすためではありません。**男性のように勝ち負けなど考えていないのですから。

女性と意見を交わす時には、勝ち負けの概念を捨てることが肝心です。

ケーススタディ　case study

近藤部長は、今重要なプロジェクトを任されています。

ある日の午前中、チームの一員である貴美代主任（28歳）が深刻な顔※1でやってきました。

「今回の企画について、ちょっとお話があるのですが」

「ん、なんだい」

慌ただしい午前中※2のこと、近藤部長は内心「あとにしてくれよ」と思っていました。

「企画書のこの点なのですが、どうも今のニーズにマッチしていないように思われるのですが……」と、貴美代主任は話をし、理由を説明します。

「私たちの常識からすると、このカラーは受けにくいと思うんです。実際、こんなデータもあります。この点を、見直されてはいかがでしょうか」

近藤部長は、面倒くさそうにデータを手に取り、まだ

※1
貴美代主任は大いに悩んだ末、意気込んで話しにきました。

　闘争の苦手な女性は、対立を嫌います。ですから、意見を申し立てることは、とても勇気のいることなのです。

※2
貴美代主任からすれば、なるべく早く話して、プロジェクトをいい方向にもっていきたいと思っています。でも、近藤部長は、相手の様子を気にかけることはありませんでした。

　女性は「自分として」意見をしにきます。男性にとっては、「内容」だけが重要です。すでにこの時点で、二人の間にはミゾがありました。

※3
貴美代主任は「わかって

続いている貴美代主任の話※3を聞き続け、言いました。

「しかし君、これは一つのデータに過ぎないだろう？　だいたい、君たちの常識ってなんだろうな」

「私たち世代の、女性一般の常識という意味でしたが」

「自分の意見に固執してるだけじゃないの？　女は視野が狭いからな」

　近藤部長は小声で、一人言のように言いました。

　それでも貴美代主任は折れません。

　近藤部長は、相手の言い分には正しい面があると思いつつ、イラだって、ついに言ってしまいました。

「君の意見はわかった。つまり、僕の企画は失格だとい※4うことだね」


もらおうと」必死です。でも近藤部長は、それを自分への「挑戦」と受け取ってしまいました。頭ではデータを見て話を聞き、意見に納得できると思っているのですが、気持ちはもう「負けてなるものか」です。

※4
　貴美代主任は、意見を共有してよりよい方向にもっていこうと必死だっただけ。しかし近藤部長を敵に回してしまいました。

　もはや、いくら説明しても相手は聞く耳を持ちません。ついには謝って「撤回します」と、自分の席に戻りました。

　彼女の心は不信と不満でいっぱいになり、「もう言われたことだけをやろう」と決心したのでした。

ポイント
point

男性はタテ社会、
闘争と個人の世界に生きている。
女性はヨコ社会、
協調と平和の世界に生きている。
タテヨコナナメの関係を見渡し
女性が求める「理解」を
まずは尊重しましょう。

15 「叱って伸ばす」も愛情と共感次第

「若い奴はビシビシ厳しく指導すべきだ。嫌われたっていい、いつかわかってくれる時が来る」

かつて（三十年くらい前）は、こんな上司がたくさんいました。それでこそあるべき上司の姿！　とさえ思われていたのです。

今は、企業トップも世代が変わり、自由や平等思想を強く持っていますから、右のような考え方をする人は少なくなっています。

当然、その下の世代も同様。

ところが！

それはあくまで全体的・表面的な傾向であり、男性社会では**「叱って伸ばす」**ことをヨシとする風潮が、いまだに根強くあるようです。

もちろん、大勢の前で怒鳴りつけたり、暴力をふるったりということは、少なくなっています。男性は上の評価を気にしますから、「パワハラ」の意識も浸透している今、なかなかそこまでは強気に出られません。

でも……**「叱って伸ばす」という美名**の下に、自分の憤懣《ふんまん》をぶつけたり、いじめるターゲットを決めネチネチと責めたり、冗談を装いながらけなしたり、ということは、いまだにあるのですね。

時には本人が、本当に部下を「叱って伸ばす」つもりでやっていることもあります。ただ、ＴＰＯをわきまえず、叱るツボがわかっていない……。**「〇〇さんのようにできないのかな」などと、「ほかの女性と比較して叱る」のは最悪。**

こんな「いじめ体質・けなし気質」の男性に関わると、女性社員はどうなるでしょう？　**人の目を男性よりはるかに気にし、細かいことが心に残る女性に**とって、強烈なダメージになることは避けられません。

また女性は、叱られると無気力になりやすいものです。**「自分に能力がないんだ」と思ってしまう**から。男性のように、努力が足りなかった、注意不足だったとは思いにくいのです。

「叱って伸ばす」のは、高度成長期の日本男性に通用した概念。基本的には、**もう時代遅れで効果が少なく、やるべきでないこと**だと認識してください。

ただし、**デキる女性ほどアドバイスを求めているので、叱ってくれる男性に尊敬の念を抱きやすいという面もあります。**

もちろん、うまく叱らなければ逆効果。やはり女性を叱る時には、慎重にかからなければいけません。

そのコツは、怒りや憤懣ではなく、**「強い注意」という位置づけで「愛情と共感」をもって叱り、諭《さと》すこと。**

女性に対する共感と思いやりがあれば、叱られても相手はそれを敏感に察知し、感謝することもあります。

要は、**怒るのではなく、相手の性格や立場をよく見極めたうえで強い注意をすること、**なのです。

そうできてこそ、女性のヤル気を高め、あなたの評判も上がろうというものです。

ケーススタディ case study

新入社員の真紀さん（19歳）。まだまだ学生気分が抜けず、毎朝ギリギリに出社してきます。結果的に遅刻が増え、問題になっています。

直属の上司である田中主任（26歳）は、もちろん、毎回注意はしています。それも、「女性は人からどう見られるかをとても気にする」ということをわきまえ、なるべく周りに聞こえないように注意していたのです。※1

真紀さんは、その時は殊勝に頭を下げるのですが、数十秒後にはケラケラ周りと談笑する始末。そこで田中主任は上司と相談した結果、一度二人でじっくり話し合ったほうがいいだろう、ということになりました。

さっそく、就業中の余裕のある時間に、二人で近くの喫茶店へ。

「ところで真紀さん。まだ遅刻が多いね」

※1
田中主任のやり方は正解です。
女性を注意したり、叱ったりする時、多数の人にそれが聞かれると、彼女は「叱られるのを見られてる・聞かれてる」ということに注意が向き、社内での居心地が悪くなります。そして注意した相手への反感にもつながります。

※2
「どうしたらいいと思う？」と聞いて、答えられるはずもありません。
相手に柔らかく問いかける形を取りつつも、追い詰める質問です。追い詰めなければ、事の重大性をわかってもらえませんから、これは正しいやり方です。

※3
なぜ遅刻がいけないのかを、わかりやすく、かつ、

「あ、すいません」

「何度も注意したけど直らないよね。真紀さんは、どう[※2]したらいいと思う？」

「えーと……努力はしてるんですけど、なんか……」

「努力しても直らないんだね。それだと……僕も真紀さんの処遇について、上に相談しないといけないんだ」

「えっと、相談するって……」

「遅刻されると、真紀さんを頼りにしてる人たちが困るでしょ。だから[※3]会社にとって損害になる。これが続くようなら、辞めてもらうしかない……。でも上の人たちも、真紀さんのユニークさには目をかけているから、[※4]絶対そんなことになって欲しくないんだ」

　その後、真紀さんは「仕事」に対する意識が変わり、遅刻をしなくなりました。

真紀さんに花を持たせる（あなたが必要です）という形で教えています。

　女性は「べき論」「筋論」が苦手で、「十分前には席に着いているべき」「会社に遅刻してはいけない」という決めつけは心に響きません。

※4

　田中主任は、「辞めてもらうしかない」と最後通牒を突きつける時、しんみりと、つらそうに話しかけていました。

　そのうえで、上司のことまで話題に出し、「皆が君に目をかけている、だから辞めて欲しくない」と、彼女の価値を認めることで、絶対に遅刻しないで欲しい、ということを、「気持ち」として伝えています。

　理屈より感情が、女性には伝わりやすいのです。

ポイント
point

「叱って伸ばす」は過去の産物。
「叱って伸ばす」を言い訳とし、
我を通しけなすのは最悪！
有能な上司なら、
女性には愛情と共感をもって
「注意」しましょう。

16 お礼のタイミングを逃さない

「ありがとう」「どうもね」「助かったよ」……。さらには「よくここまで仕上げてくれたね」「君の考えはいいと思う、すごく参考になる」「○○さんがいなければ、今回の成功はなかったな」……。

そんな普通の、あるいは素敵な**「お礼」の言葉、**女性社員に言ったことがありますか？

「もちろん！」と言う方が多いのでは？

そういうあなたでも、女性たちに「思いやりがないよね」「全然認めてくれない」なんて思われているかも！

もう一度、じっくり考えてみてください。

たとえば、雑用を頼んですぐ、愛想よくいつも一声かけていますか？

なにか頼み事をして、お礼を言うのは当たり前のこと。

大切なのは、**その場で、すぐに、一声かけることなんです。**

女性は、極端に言えば、**「その時」を生きているのです。**

女性はよく、「言葉にしてくれないとわからない」と言いますよね。でもそれだけでは足りません。「その時」に小さなお礼の言葉がないと、不満が積もっていっていつか爆発、ということにもなりかねません。

文書がうまくできた、いつもきちんと物事を整理してくれる、手配上手で助かるなど、お礼を言うポイントは数多くあるはず。

そこで気をつけなければいけないのは、**連発はタブー**ということ。

心理学の実験でも、ほめればほめるほど、ほめの効果が下がると言われています。また、嫌いな人にほめられる（認められる）と、かえってモチベーションが下がるとも。

確かに、ほめられることが度重なると、「心がこもってない」「本当に感謝してるのかしら」と思うことが多いものです。

ほめられるのは、女性にとってすごく重要。だからこそ、うまくほめて女性の力を引き出したいものです。

時々、**ふと思いついたように**「いつもありがとう」と言ったり、**ここぞという時に**「君はいつも、ちゃんとやってくれるから助かるよ」など、相手（女性）の心に響くお礼を言えば、その瞬間に相手はあなたのことを数段高く見るようになるはずです。

また、相手の美点を見つけだして、認めてあげることも、すごく効果的。

理想としては、仕事のデキる厳しいタイプの男性で、ほめる言葉なんか聞いたことがないのに、ふと、

「君がいないと、私の仕事は成り立たない」などと言われたら……尊敬と忠誠心を超えて、惚《ほ》れてしまうかもしれませんね。

ケーススタディ　case study

新人の紀美子さんは、データ入力が仕事ですが、ほかにもコピー取りなどの雑用をいつもやっています。

　仕事中にしょっちゅう頼まれるので、とても面倒なのですが、「嫌だと言って事を荒立てるほどの話でもない[※1]し、別に出世したいわけじゃないし」と、紀美子さんは毎日きちんと雑用もこなしていました。

　そんなある日、先輩の一人から、コピー機に紙を補充するよう、呼ばれました。その人は機械に弱く、コピーなどで厄介事が起こると、すぐ女性社員を呼ぶのです。

　紀美子さんが先輩の元に行って、紙を補充し、席に戻ったその時、

[※2]「紙が詰まったぞ！　おい、君～」と文句が！

　紀美子さんは駆け寄って、紙を取り除き、ちゃんとコピーできるようにしましたが、その先輩は、

※1
　女性は競争・対立を好まないので、少々のことには目をつぶってしまいます。ストレス対応力が男性より高いという調査結果もありますが、辛抱できるのが女性の特徴でもあります。

　しかしもちろん、それにも限度があり、「ある限界」を超えた場合、男性より簡単に不満を表出するのです。

※2
　感情的な言葉に過敏に反応するのが、女性の一般的特徴。理不尽なことで怒れば、一発で嫌われること間違いなしです。

※3
　自分の会社での存在価値を見失えば、「ヤル気」などすぐなくなってしまいます。特に、仕事と言えないような雑用や、逆にとても重要な案件などで結果を認

「補充してすぐ詰まるってどういうわけ？　気をつけてくれよ」と文句を言っています。紀美子さんは席に戻りましたが、内心ムカムカです。

『誰でもできる簡単なことすらできないくせに、文句の連発ってなに⁉』

彼女はすっかり、ヤル気をなくしてしまいました。※3

そんな気持ちは、ほかの仕事にまで影響を及ぼします。雑用だけでなく、本業であるデータ処理にも身が入らず、同僚の女性たちと、※4 事あるごとに会社や上司の文句を言い合うようになりました。

そして一年後、彼女は給料日に会社を辞めました。少しの有給をその前にすべて消化して。※5

められないと、会社にいる意味が失われます。

※4
女性同士の絆は、迅速かつ強力です。
だから、一人が不満に思えば、ほかの女性にまで波及する可能性が高いということ。その人だけ、で済まないのが女性コミュニティです。

※5
不満が恨みにまで高まると、現代女性の決断は早いのです。彼女は給料分も会社に貢献することもなく辞めてしまい、男性側は雑用などに苦労することになる。結局ここにはマイナスしかありません。

ポイント
point

雑用には、毎回の感謝の言葉。
仕事には、時折の感謝の言葉。
雑用くらい自分でやる、
という心がけも大切だが、
やってもらったら、感謝し、
認めてあげましょう。

17 非正規雇用者も同僚・仲間

平成二十六年の厚生労働省の調査によると、労働者全体に占める**正社員の割合は六〇・二％**となっています（「平成26年 就業形態の多様化に関する総合実態調査結果の概況」より）。つまり、派遣やパート、契約社員など**非正規雇用者の割合が四〇％近い**のです。

世界不況が長引く現在、こうした傾向には、なかなか歯止めがかからないでしょう。派遣切り、ブラック企業、格差の拡大など問題は山積していますが、それはともかく、今や非正規雇用者なしに、社会は成り立たなくなっているのが現実なのです。

また、正規雇用者の約七割を男性が占める一方、非正規雇用者の約七割が女性です。

あなたの職場にも、女性の非正規雇用者がいるのでは？

そこで問題になってくるのが、**正社員と非正社員との差別**。

賃金など労働条件はおいておき、あなたは女性の非正社員に対して、どのような態度で接しているでしょうか？

名前も覚えず「派遣さん」などと言ったりしてませんよね？

派遣社員などの女性の労働意欲を高めることは、会社の義務であり、つまりあなたの義務でもあります。あなたが同じ派遣社員だとしてもそうです。

今回の座談会でも、派遣・契約社員の方々から、いろいろな不満が出ました。

「当初の約束以上のことをやらされる」といったこともあれば、逆に、「派遣だからと、まともに仕事をさせてもらえない」といった意見もありました。

男性からされたこととしては、

・「どうせ暇なんでしょ」と仕事を押しつけられる
・ちょっとしたミスでも、明らかに正社員と違い強く責められる
・「早く帰れていいなあ」とあからさまに言われる
・自分のミスを派遣社員のせいにする
・終業後に無理やりデートに誘われる

など、信じられないようなことが出てきました。

「なにをやっても派遣の弱みで嫌だと言えないだろう」とか、「どうせすぐ辞めるんだから」といった理由からでしょうか……。

これでは、ヤル気を出せというほうが無理ですよね。

今の時代、正社員になれたのは運がよかっただけというケースもありますし、能力があっても正社員になれずに派遣を選択する人もたくさんいます。

派遣の女性に対しても、正社員と同じく接するのが当然で、これはもう人間性の問題と言うしかないかもしれません。

二〇〇七年に「ハケンの品格」（篠原涼子主演・日テレ系列）というドラマがありました。スーパーレディとしか言いようのない派遣社員が、正社員からの嫉妬を超え、会社を育てていくほどに力を発揮するという痛快なものでしたが、そこまで飛び抜けた現象など現実にはまずありはしません。

もともと弱い立場にある女性にこそ、細々と気を遣い優しく接するのが、男性なのではないでしょうか……。

ケーススタディ　case study

派遣社員として、大企業の事務職に就いた鏡子さん（24歳）。

ある日、同僚の男性正社員・大寺さんからデータの作成を頼まれました。スキルの高い彼女はさっとこなし、大寺さんに持って行くと、しばらくして大声※1が。

「派遣さん、ちょっと！　これ間違ってるよ！」

ハッとして彼の元に行き確認すると、確かに小さなミスがありました。

「申し訳ありません、すぐ直してきます」と答えた彼女の背に向かって、

「これだから派遣は困る。高卒だもんな」という彼の声がしました。

『え？　なにを言ってるの？』と思い、鏡子さんは、

「あのー、私、大学出てますが」と答えました。する

※1
大声で皆に聞こえるように間違いを伝えるなど、女性に対しては論外中の論外。この時点で、大寺さんが女性のことなど気遣いもしない、つまりは「社員失格」の人間であることがわかります。

※2
大寺さんは鏡子さんと同い年くらいですが、おそろしく視野の狭い、考えの古い人のようです。「職業に貴賤《きせん》なし」というのは当然のことですが、そこに学歴という、これまた人の価値を測るのに関係のない概念が入り込んでいます。

ヤル気のある女性は、ただでさえ厳しい仕事環境に置かれがちです（男性からの嫉妬や陰口、結婚・妊娠の問題、セクハラなど）。

派遣となれば、立場が弱

と、こう言われたのです。

「派遣会社に行くようなやつは高卒か短大卒に決まってんだろ。嘘つくな」

鏡子さんはもうなにも言わず、データの修正に取りかかりましたが、心の中は錯乱状態。

『派遣は大学を出てないなんて、どういう発想⁉ なにより、大学出てようがなんだろうが、関係ないじゃない！』

その後も大寺さんから、

「派遣社員は一年経つと契約更新できないことがあるんだよ」などとイヤミの嵐。

有能な鏡子さんは、勤めてから一年で辞めました。※3

くなり、さらに状況は厳しくなります。

大寺さんはもともと社内で評価が低く、憤懣を溜めるタイプでした。そして「派遣のくせに」「女のくせに」と、スキルの高い鏡子さんに、八つ当たりしたのです。

※3
鏡子さんが辞めたことにより、会社は損害を受けました。大寺さんの罪は重いと言えます。

このケースは極端なものですが、女性の非正規雇用者が多くなっている現在、似たような差別が多く見られるようです。

「派遣や契約社員ゆえの条件を考慮しつつ、正社員の女性と同じように接する」ことが大切です。

ポイント
point

派遣女性社員の意欲を高めるのは会社の、そして男性の責務。
弱みにつけ込むのは最悪で、自分の価値も低くなる。
相手のスタンスや性格を見極め、どんどん活用しましょう。

18 「言わなくてもわかるだろう」は通用しない

「ねえ、私のこと好き?」

「言わなくてもわかるだろ」

「言ってくれなきゃ安心できないから聞いてるのっ!!」

こんな会話、男性からすれば理解不能、摩訶《まか》不思議でしょうね。

女性は勘が鋭く、共感能力に優れていますから、相手が自分のことを好きかどうかなど、かなり見抜いてしまうもの。それでも、**「言葉による確認」が欲しい**。それが女性です。

これが仕事となると、少し趣《おもむき》が変わります。

社会(会社)における人間関係は、タテ社会で成り立っています。これは女性の苦手なジャンルで、共感能力などはあまり役に立ちません。**闘争・長期計画・戦略**といったことが重要となります。

また、仕事そのものについては、**女性は結果主義ではなくプロセス型**であり、仕事のプロセスを楽しみます。結果が悪かろうと、その時々のプロセスに充実感が持てればいいのです。

女性は、まず結果（結論）を立ち上げ、そこから逆算して論理的に計画を立てていくことは苦手です。**理論志向を好まず、快・不快や充実・幸福といったことを重視する**ので、**やるべきことがはっきりしていないと、混乱してしまいます。**

そんな特徴を持っている女性に、男社会の中で通用している価値観や仕事のやり方を阿吽《あうん》の呼吸で読み取れ、というのは過剰な期待。

「こんなこと、言わなくたってわかるだろう」「細々と言われなくても、きちんとやれ」といったことは、女性にはとてもツライ課題なのです。

そのあたりを理解していない男性が多いと思います。あるいは、わかっていても、忙しい時などつい「なんで、そんなこともわからないんだ」となってしまうかも。

これでは女性は混乱するばかりで、ミスにもつながり、それを指摘され……結局モチベーションが下がってしまうのですね。

ですから、まだ会社や仕事に慣れていない女性に対しては特に、**細かく、一つ一つ、具体的に、明確な指示を与える**ことが大切です。

女性は**目の前の仕事をきちんとやり遂げることが得意**ですから、わかりやすく指示すれば、男性よりはるかに大きな成果をあげてくれます。

そして、その結果をちゃんと評価してあげる。

そうすることによって、キャリアを望まない女性の能力も、フルに発揮させることができます。

結果、あなたも女性も、ハッピーになれるのです。

ただ、キャリアを望んでいる女性、高い能力を期待させる女性には、男性脳的な方向も、ある程度は身につけてもらわなくてはいけません。

女性の部下を育てるには、タテ社会の仕組みや、理論志向、ビジョンを立てそれに向かうビジネス・スキルなどが必要になってきますが、それは次に記しましょう。

ケーススタディ case study

入社して八年目の晶子さんには、対照的な二人の上司がいます。

一人は、「俺についてこいタイプ」の近藤次長。もう一人は、「みんなでがんばろうタイプ」の高田部長。

もう仕事にも十分慣れ、経験を積んでいる晶子さんは、近藤次長から来た仕事を、自分でスケジューリングして※1進めていました。

そんなある日、近藤次長が、

「あれ、できたか？」と聞いてきました。

「いえ、あと三日くらいでできます」

そう聞いた途端、近藤次長が怒り出しました。

「僕が急いでいないって言っても、早めに仕上げるのが当たり前だろう！　なにをボーッとしてるんだ！」

「は、はい、今日中に仕上げます」

※1
仕事がわかるようになってきたら、自分のペースで仕事を進めるのが、男女問わず一番気持ちいい取り組み方です。
特に女性は「快・平和」を求めるので、「マイペース」が理想的です。

※2
近藤次長の指示をきちんと判断し、スケジューリングして進めてきた晶子さんからすれば、次長の怒りはまったく心外なものでした。
晶子さんの思いは当然です。指示自体が理屈に合っておらず、理解不能ですから。怒られた、スケジュールを狂わされた、と晶子さんの心は不快でいっぱいになります。
そして、「どうせ急に事情が変わって、それを言うに言えず、わけのわからない理屈で私のせいにしたん

そうは言ったものの、晶子さんは混乱し、がっかりして、腹を立てています。

『急いでいないと言ったくせに、どういうこと？　ちゃんと期限を言えばいいのに!!』※2

一方の近藤次長。高田部長に愚痴っています。

「なんで女は、こうも察しが悪いんでしょうねえ」※3

「そりゃ、わからないよ。『急いでいない』と言っておいて、言葉の裏を読めみたいなこと、普通わからないよ。そんなコミュニケーションのとりかたしてて、君自身面倒じゃない？　しっかり丁寧に言わないとダメだよ」※4

だろう」と、晶子さんは結論づけたのでした。

※3
　女性のことをわかっていない男性がよく言うセリフです。家庭でも奥さんに似たような対応をしているかもしれません。

※4
　高田部長は、男女ともに、その特性を普通にわかっています。
「急いでないから」とわざわざ付け加えるだけの重要性がある急ぎの仕事だ、という、とんでもない理屈のこともわかるのです。
　しかし、そこまでの腹芸は、ビジネス社会では女性に通じません。その結果、次長が自ら首を絞めていることも、高田部長は読み取って話したのです。

ポイント
point

女性は結果ではなくプロセス型。
仕事の過程で、その時々の自分の感情のほうを大切にする。
男社会の競争原理で考えず、目の前の仕事を、的確に示してあげましょう。

19 大きすぎる目標じゃ伝わらない

立派な理念をいくつも掲げている会社がよくあります。

しかし、多くの専門家が言うところでは、「理念ばかりを語り出したらダメ」「企業理念はなるべく数少なく」ということがあるようです。

たぶん、「街をきれいにしましょう」など、たくさん標語があってもあまり頭に残らないのと同じことでしょうね。

特に女性の場合、**大きな理念・将来的目標・理想の到達点などを示しても、理解できないことが多い**ものです。

「この目標に向けて、みんなでがんばろう！」と檄《げき》を飛ばされても、男性なら素直に「おー！」となるかもしれませんが、女性は「いったいどうしたらいいの？」と混乱してしまうでしょう。

「目標達成するために、いったいどうしたらいいのでしょうか」と女性が勇気を出して聞いても、

「そんなこと自分で考えなさい！」では、モチベーションは下がりまくりです。

「叱られた」「無能と思われた」と落ち込んだり、一生懸命考えて見当違いなこ

とをしてしまったりします。

「プロセス重視・現実的」である女性は、**目の前のこと・具体的なこと**をするのが得意で、やり遂げる責任感と辛抱強さを持っているのが本来の特質でもあるようです。

堅実に地道に作業することが求められる経理実務やデータ処理などに、女性が携わることが多いのも、こうした傾向が大きな理由の一つになっていると思います。

あるいは、身近なことからスゴい発想をしたり、生活感覚・遊び感覚をもとにした企画を立てたり。このようなことも、総じて女性のほうが得意であるようです。

「現実的」「具体的」「生活感覚」が、〝女性の三大特徴〟と言ってもいいでしょう。

「男のほうが現実的だし具体的だ」と思われるかもしれませんが、女性のほうが「身近な感覚として現実的で具体的」なのですね。

しかし、「具体的」とは言っても**数値には関心が少なく**、イメージでとらえるのが得意です。例えば、美容品のセールスで「二五％増を目標に」ではピンときません。「もっと多くのお客様に、美しくなる喜びを広げよう」といった、感覚的で親和的な語りかけのほうがしっくりきます。

こうした特性を持っている女性に対し、どのように助言・補佐・リードすればいいのでしょうか？

大きすぎる目標・抽象的なビジョンばかりを語るのではなく、**「具体的な仕事内容・方針」**を明確に示し、**「達成すべき目の前の小さな目標」**をまず提示してあげることです。

女性のカバーしているスペース内でできる小さなことを、着実に達成させていく。そうして、一歩一歩階段を上るように、大目標へと導くのです。

その実現過程の要所要所で、達成できた結果を認め、ほめることも大切で、それでこそ女性は、自分が仕事で役に立ったという満足感を得、意欲を高めることでしょう。

ケーススタディ case study

　広告代理店に入社して九年目となる中堅キャリア組の多佳子さんは、あるチームリーダーの補佐役になりました。

　ある日のこと、安西リーダー（35歳）が、

「このクライアントにはトップクラスの取引先になってもらうんだから、もっとがんばってくれ※1」と多佳子さんに言いました。

　多佳子さんの心中は、『やりがいのある仕事だし、がんばってるんだけど』と「？マーク」です。

「なんだ、浮かない顔してるね」と安西リーダー。

「いえ……もちろんがんばりますが、安西さんはどうすればいいと思いますか？」

「それは自分で見つけるものだろう。やること一つ一つ指示しないとできないの？※2」

※1
　日本企業特有とも言える「精神論」的な表現で、これでは現実にはなにも言っていないに等しいのです。

　男性同士では、これで通用しますが、女性の場合「なにをどうがんばるの？」という疑問が湧き起こります。

※2
　上司はよく「全部指示しないとできないのか」「仕事は自分で見つけろ」などと言います。

　しかし、意欲ある女性でも、「ある程度、要所要所は指示して欲しい」「必要な仕事を与えて欲しい」と思うものです。「私のことを試しているの？」という疑いまで持ちかねません。

※3
　安西リーダーは「全体を見ている」という大義名分

「そんなことありません！　ただ、そのための方法を、もっと具体的に詰めるべきではないかと思うんです」

「それは君の役目だよ。いろいろ提案してくれ。僕は全体を見てるんだからね」

多佳子さんはまだ経験が少なく、リーダーの「確固とした承認と後ろ盾」が必要と感じています。

『なんのためのリーダーなの？「俺についてこい」も嫌だけど、こんな感じ、不安だな』※3

多佳子さんは、次第に混乱して、『もう、どうしていいかわからない…』とプレッシャーを感じましたが、安西リーダーは新たな提案を求め続けました。

目の前の仕事を完璧にこなす※4ことにかけてはピカイチだった多佳子さんは、睡眠障害に悩まされ、配置転換を願い出たのでした。

で、具体的な指針を出す義務を果たしていません。

　そんな不安の中で多佳子さんは新提案を出し続けましたが、「これだけではダメだ、ほかには？」と聞かれるばかり。ここには女性が求める「共感」「共有」が、なかったのです。

※4

　多佳子さんのようなタイプの女性は特に、99できても1ダメだと「失敗」と思ってしまいます。すべて完璧にしなければ、という思いが強いのです。

　そこに、曖昧な精神論で責められたのですから、多佳子さんがこうした結論を出しても、一概に「弱い」とは決めつけられないでしょう。

ポイント
point

大きな目標は男性向け。
具体的な目的は女性向け。
大目標への筋道を示し、
小さな成功体験を積み重ねて、
大きな成功へと導きましょう。

コラム3　女性新入社員が男性上司に求めること

産業能率大学「二〇一五年度　新入社員の理想の上司」から、女性新入社員が「理想の男性上司を選んだ理由」を見てみます。

一位は「適切なアドバイスをしてくれそう」。二位は「人柄がよく親しみやすそう」。三位は「やる気を引き出してくれそう」。以下「態度や姿勢が手本になりそう」「適切な指示をしてくれそう」「自分の能力を引き出してくれそう」「自分の強み・弱みを見抜いてくれそう」と続き、これらの理由だけで全体の九〇％近くを占めます。

つまり、女性社員に対してはこれらのことを日々きちんと行っていけばほぼOKとも言えそうなのですが……難しいと思われるのは「人柄がよく親しみやすそう」「態度や姿勢が手本になりそう」の二つですね。特に前者は全体の一八・八％を占める重要な要素です。

とはいえ男性としては「自分の人間性や醸し出す雰囲気なんてどうしようもないよ」と言いたくもなるでしょう。でも、本書で書いているような様々なノウハウで「親しみやすさ」ひいては「人柄のよさ」といった印象を相手に与えることはできます。また、部下が上司に求めていることを行い続けていれば、親しみやすさなど、それほどなくてもいいのです。

第4章

デキる男性社員が実践する5つの法則

20 「声かけ」を心がけ実践する

社会言語学者のデボラ・タネンは、**「女性はプライベート・スピーキング、男性はパブリック・スピーキング」「女性は、相手と共通体験を話すことによって、互いの類似性を強調する」**と言っています。

今回行った座談会では、「今日の天気」くらいのことでも私語を慎めという命令が男性上司から出されたという話が出ました。

女性にとっては、たまったものではありません！

デボラ・タネンは会話についての男女差を言っていますが、これを解釈すれば、**「女性はプライベートな価値観で物事をとらえ、それを尊重する」「女性は相手との共通体験を重視する」**と言えるでしょう。

ここで、**マメな声かけ**の重要性がわかります。

なぜなら、声かけは他愛ないことでありながらも、仕事から離れたプライベートなフィールドのことだから。また、一声かけることが互いの共通体験につながっていくから。

さらに、声かけの裏には、**「君のことを気にしているよ」**という心遣いが秘められています（と女性側は思います）。

気遣ってくれることは、女性にとって大きなご褒美です。

前に「特定の人を特別扱いしないこと」と書きましたが、それを女性が気にすることからもわかるとおり、実は女性は**「自分を特別扱いして欲しい」**のですね。だから、ほかの特定の人が別格に扱われると、理不尽だと思ったり嫉妬したりするのです。

身の周りにいる女性社員みんなに、分け隔てなく、マメに声かけをしましょう。

「おはよう」「がんばってるね」「ありがとう」「うまく進んでる？」「元気？」「顔色いいね」「お、輝いてるな」「調子よさそうだね」「いいじゃない」「疲れてるんじゃないか？」「すごいな！」「おつかれさん」……。

こうした何気ない、どうでもいいことと男性が思うような一言が、女性にとっては**「わかってくれている・共に仕事をする仲間だ」**というメッセージに変換され、心地よさや安堵する気持ちにつながります。少なくとも、**気にしてくれている**と思い、ニコッと微笑《ほほえ》むことでしょう。

男性にとっては「わざわざ口に出さなくてもわかるだろう、君のことを気にしていないはずがないじゃないか」となるようですが、女性は、言ってくれないとわかりません。物足りないし、確信も持てないのです。

といって、**たまに思いついたように声かけするのはダメ。**「わざとらしい」「そんなこと思っていないくせに」「誰かに教えられたんじゃないの？」などと思われてしまいます。

マメに、しょっちゅう声かけすることで、本当に気にしてくれているんだ、と素直に受け取り、モチベーションを上げることができるのです。

デキる男性上司は、折あるごとに**気楽に声かけをします。**デキる人は、人の心を読むのが得意ですし、女性にもてます。女性心理に長《た》けているのです。だから、ヒラの時には仕事だけに集中しバリバリやっていても、管理職となれば声かけの重要性に気づき、それを習慣にします。

習慣として普通にやるからこそ、女性は「理解力がある」「ついていこう」という気になるのです。

わざとらしいのはいけません。プライバシーに踏み込みすぎるのもいけません。**普通の挨拶に加え、ポジティブなこと・共感されること・気遣っていることを「声かけ」していきましょう。**

ケーススタディ　case study

　笠間課長（42歳）は、※1管理職となってから急に社内の評価が上がり、将来を嘱望されている人物です。

　目くじらを立てて命令するようなことはありませんが、甘やかしもせず、時には厳しい人です。普段はほぼポーカーフェイスで、クールで冷たい印象であり、愛想を言うタイプでもありません。それでも男女限らず、特に女性から信頼と人気を得ています。

　実は女性たちも、なぜ自分たちが笠間課長のことを好きなのか、※2ハッキリわかっていませんでした。しかし女子会の時にそれが判明したのです。

「どうして私、笠間課長のこと好きなのかな」と一人が発言したのがきっかけです。みんな悩んでしまいました。

「だって、嫌いになるような人じゃないもの」「なんとなく親しみが湧くのよね」「なんでかな、うーん、なん

※1
　唯我独尊タイプのデキる人は、管理職には向きません。会社は組織ですから空気を読める人のほうが出世します。なんでも向き不向きがあるということですね。

※2
　上司に好感を持つ、といった程度のことだと、その理由を考えてみることはなかなかありません。「なんとなく好き」「センスがいい」。その程度ですが、そんなさりげない存在感が貴重なものとなります。

※3
　笠間課長は、気を遣おうと思ってしているわけではありません。ただ、部下のしていることが気になるのは当然ですから、ふと口に出して言っただけです。

　こうした他愛ない声かけこそがホンモノとみなさ

か私たちのことわかってくれているって感じ？」

　この最後の発言に、みな「そうそう！」と同感。

「データ処理で追い詰められてた時、大変だなぁ、ってパソコン覗き込んで言ったの。あれ、嬉しかったなあ」

「あ、私も。※3ふうん、いいじゃないって言われて、振り返ったら課長が去ってくところだったんだ」

　次々とみんなが同じような体験を言い、結論は、「課長は、クールでスマートな気遣い屋さん」というところに落ち着きました。「だから好きなんだ」と。

　ある時、一人の女性社員がミスをしてしまいました。みんなどうなるか、戦々恐々とするほどの大ミスです。

　しかし笠間課長は、真摯に理をとおし、※4厳しいながらも理解と共感を示しつつ対応しました。あとでその話を聞き、女性たちの高評価が確定したということです。


れ、女性から素敵・カッコイイと思われます。

　笠間課長は、生来《せいらい》の管理職向きの人なのです。

※4
　人の真価は、危機に陥った時にこそ問われます。

　笠間課長は、大ミスに対しても、いつもと変わらず女性の立場と気持ちを十分に考えて対応しました。

「これからどうしたらいいか」「相手にとってよりいい方向はどんなものか」といったことまで、相手の立場に立って相談にのったのです。

　ミスをした女性にとっては、感涙ものでした。当然、その高評価は女性たちに伝わり、男性にも伝わって、「課長は本当に信頼できる」となったのです。

ポイント
point

マメで自然な声かけは、
相手を気にしている証明になる。
気遣われていることは、
女性にとって素敵なご褒美。
自然と人がついてくる。
声かけを習慣にしましょう。

21 話の筋道を立てさせる

「女性に対しては、まず話をさせること、聞くことが大事だ」と前に記しました。

もちろん深刻な話、相談事などでは特にそれが大切なのですが、日常の業務での話となると、そうはいきませんよね。端的に整理して話してもらわないと仕事が進みませんし、誤解のもとにもなります。

そういう点、女性は苦手です。話が回りくどく、なかなか結論に辿《たど》り着かなかったりします。

また女性は、**言いたいことをごちゃ混ぜに話す傾向がある**のです。

「こうしたいと思うんですが、○○さんはどうも懐疑的で、そのあたりの連携もうまくいってないんです。でも、このプロジェクトは大きな成果をあげると思っていまして、そのために必要なのは……」

聞いている男性側は、『彼女は自分が立てたプロジェクトをとおしたいんだろうが、でも○○君にも不満があるようだし。必要なことなんかもあとでいいから、まず具体的に内容を聞かせて欲しい』と、当然思うでしょう。

もちろん、女性のタイプによりますが、このように**理論的に話すことが苦手な人に対しては、男性側からリードしてあげる必要が出てきます。**

話が混乱してきたら、まずいったん止める。そして、

「うん、ちょっと言いたいことがよくわからなくなってきた。まず、僕に話しに来た目的を言ってくれないかな」

などと、相手の頭の中を、いったん開始点に戻します。**結論・目的をまず先に話す**能力を身につけてもらわなくてはいけません。

そして次に、

「わかった。それで実現するための問題点は？」「実現した時のメリットは？」

と、話を具体的な方向に誘導していきます。

「問題点は？」と聞かれて、その説明もごちゃごちゃするようだったら、またいったん遮り、「一つの話を終えるまでほかの話題に移らないように」と注意しましょう。

このように、あなたが聞きたい方向に誘導していってあげれば、相手の女性も自分の話し方の問題点に気づくでしょうし、また次第に整理して話せるようになる可能性大です。

しかし、勘の鈍い女性だと、自分のビジネス会話がマズいということに気づかず、「いちいち話を止められて、面倒くさい。もっとちゃんと聞いてくれればいいのに」と不満を持つ可能性だってあります。

厄介な相手ですが、そうした女性に対しては、一度話し合いの場を持って、しっかり説明してあげることが必要でしょう。

そのために、**話したいことを、あらかじめまとめさせておく**ことは有効な手段です。

「君は理論的に話すことがすごく苦手みたいだね。それでは効率が悪いのはわかるだろう？　じゃあね、話しに来る前に、言いたいことを箇条書きにしてみなさい。そして、どれを一番に伝えたいのか、優先順位をつける。これからは、その紙を見ながらでいいから、そうして話してみてくれないか？」

このように、理解を示しつつ伝えれば相手も納得しますし、それで話がスムーズに進むことがわかれば、積極的にビジネス会話を身につけていくでしょう。

ケーススタディ　case study

企画部門の優里さん（25歳）。感受性が鋭く、発想が斬新で、アイデアがどんどん出てくるタイプです。[※1]

しかし、直属上司の三鷹係長は若いのに堅物で、優里さんの企画を理解してくれません。

優里さんは一生懸命説明しますが、話がポンポン飛び、まったくまとまりがありません。そうして三鷹係長の堪忍袋の緒が切れ、いつも企画はボツになっていました。

次年度に係長が小牧さん（30歳）になりました。

「この企画書じゃあ、とおらないなあ。よくわからないんだ。説明してくれないかな」

優里さんは例によって意気込み、話が飛びまくって、収拾がつかなくなりました。小牧係長は、とうとう笑い出しました。[※2]

「すみません……私、ちゃんと話せない人で……」[※3]

※1　こういう女性ほど、頭の中が混雑しており、理論的に筋道を立てて話すことが苦手です。そして、感情的・感覚的過ぎることも多いものです。
　でも、だからこそスゴい発想をしたり、斬新な企画を考えたりできるとも言えますね。

※2　屈託のない親密の笑いです。優里さんが若いこともあり、小牧係長は愛情をもって接しています。

※3　「～な人」といった、若い人の言葉づかいにすぐ反感を示す人がいますが、そうしたことは徐々に直っていくもの。今はもっと大きな問題があるのですから、そちらを優先しましょう。

「いやあ、そういう頭じゃないと、いい企画なんて出てこないよ。でもまあ、確かにめちゃくちゃだな」と小牧係長は笑っています。優里さんも笑い出しました。※4

「じゃね、特別にマニュアルを伝授してあげよう。それさえ読めば、誰でもわかるってやつ。明日まで待って」

　小牧係長からもらったお手製のマニュアルは、※5子供に教えるくらいわかりやすく書いてありました。優里さんはそれを見て企画書を作り、企画書を見ながら小牧係長に説明しました。途中何度か質問されましたが、

「うん、わかった。これはイケると思うぞ。上に通すよ」

　優里さんは飛び上がって喜びましたが、小牧係長は、

「今度は部長の前でプレゼンすることになる。話し方、たっぷり練習しておくように」と釘《くぎ》をさしました。

※4
　ここでもう、二人の気持ちは通じ合っています。少なくとも、優里さんは好感を持ちました。それまで三鷹係長にこてんぱんにやられていただけに、なおさらです。
　まずは認め、いい人間関係をつくることだと、小牧係長はわかっていました。

※5
　優里さんはまだ新人で、学生時代からの感性や習慣を色濃く持っています。そのいい部分を潰してしまっては、元も子もありません。
　相手がベテランの女性だったら、小牧係長は二人だけの席をもって、相手の仕事ぶりを認めつつ、じっくり話し合うという手段をとったでしょう。

ポイント
point

女性は時系列で全部話したがり、思いも伝えようとするため脱線し、混乱する。
そういう仕組みになっている。
女性の特徴を理解し、
ビジネス話法に導きましょう。

22 うまく指示を出す

女性にアドバイスや指示・注意をしたり、命令を下す場合にも、デキる人はうまくやります。なぜなら、これらのことをする時に、問題が起こりやすいことを知っているから。

端的に「ああしろ、こうしろ」と事務的に進めるだけでは、まだ合格ではありません。

理屈っぽく細々と指示をすることも、あまり好まれません（具体的にわかりやすく指示をすることはもちろん必要ですが）。

また、**理屈に合わない命令、自分を棚に上げた指示、自慢話のようなアドバイス**では、それだけで女性から総スカンを食ってしまいます。

では、どうするのがいいかというと……。

アドバイスをする場合（相談にのった時など）は、**女性は評価や結論ではなく、コミュニケーションを求める**ものですから、まずは十分に話を聞き、共感し、親和欲求を満たしてあげること。

そして、上から目線で断定的に指示するのではなく、「自分ならこうする」

という**〝I（アイ）メッセージ〟**で話すことが肝心です。

「大変だろうね。でも、そういう時には、私ならこうするなあ」

I（アイ）メッセージは、相手に判断を迫らず、責任を課さず、「自分なら」と一般論化して言う方法です。「私なら」と相対化できるので、お互い個別の人間同士がぶつかることなく済みます。

ただ、「私なら絶対こうする、あなたもそうしたほうがいい」という論調だと、押しつけになり、かえって逆効果なので注意が必要ですよ。

指示や注意をする場合にも、相手が納得いかなかったり、不満を持っていそうな時には、I（アイ）メッセージが有効です。

「納得できないのはわかるが、僕なら、従うしかないと開き直っちゃうね。どうせ、通らないと決まってるんだから。……なんて、指示してる側の僕が言うのもおかしいけどさ」

こんなふうに言えば、角が立たず、むしろ好感を持たれるでしょう。

逆に、「納得できないようだが、君は指示や命令を受ける立場なんだから」と「あなた」を主語にして伝えるものを**〝YOUメッセージ〟**と言います。

「あなたはどう思う？」と質問するのはいいですが、**「詰問」になれば嫌なもの。**

「君はこうすべきだ」といった押しつけや、「君次第だよ」という**責任転嫁**も、女性からは特に嫌がられます。

女性は、平和主義・保守主義であり、また仕事にも心地よさを求めますから、**無駄な責任など背負いたくない**のです。

小さな指示なら、「これお願いします」と簡潔に、かつ丁寧に資料などを手渡せばいいでしょう。協働して仕事をする仲間なのですから、「お願いする気持ち」が必要です。いつも**ぶっきらぼうに、偉そうに**指示を出していては、誰だってやりがいが薄まります。

一方的にどんどん指示を出すのも問題です。相手は一つ一つの指示を理解することに手一杯となり、漏れや不備が生じます。

また、難しい指示なら、しっかり筋道を立てて説明したうえで、**「手一杯で大変だろうが～」「難しい仕事だが～」「面倒を押しつけて済まないが～」といったひと言**を付け加えるだけで、グンと女性のヤル気がUPし、好感度も上がりますよ。

そして、やってくれた結果をキチンと認め、感謝することが、女性にとって最高のご褒美となります。

ケーススタディ　case study

朝桐部長（44歳）は、「指令の神」と言われています。彼から指示をされると断れず、しかも喜んでやってしまうのです。

朝桐部長の指示の仕方は、こんな具合です。

「柳くーん、あの高校生のアンケート資料、※1まとめてくれないかな。今日中にお願いね」

新人の柳陽子さんは必死になって取りかかりましたが、終業時間になってもまだ終わりません。

「部長、すみません。まだ終わらないんです」

「そうかあ……。柳君、今日は残業できる？」

「あの、今日は……ちょっと……」

「あ、いいいい。今日は僕が時間あるから、残りやっておくよ。柳君の※2大変さも知らないとね」

またある時は、お局様の武田芳子さんに、

※1

「〜してくれないかな」と「提案型」で指示を出すと、やわらかいイメージになり、押しつけがましさ・命令っぽさが少なくなります。「対等に見てくれている」という印象になるのです。

それでいて「今日中に」としっかり指示を出すことは忘れません。

※2

物わかりがいい上司として徹底していますが、さらにこの言葉を「嫌み」ではなく、「大変さを共有する」という、女性にとって非常に効果的なものにして言っています。

このように対応され、新人の柳さんはすごく理解があると感謝しましたし、同時に、申し訳ないことをしたと思い、「次はどんなに大変でもやり遂げよう」と決心しました。

「これやって欲しいんだけど、かなり厄介だよ。大ざっぱな僕にはとても無理だ。でも、武田さんになら安心して任せられる。なんとかお願いしたいんだけど」※3

「はい、もちろん。それで、期限はいつまでに」

「いつまでならできそうかな?」

「まあ……一週間あれば、たぶん」

「五日でやって欲しいんだよね。どうかな? って言っても、武田さんに無理って言われたら、もうどうしようもないんだけど」

「わかりました。確約はできませんが、がんばります」

武田さんが五日で仕上げた時、朝桐部長が心から感嘆して感謝し、ほめちぎったのは言うまでもありません。※4

※3
「難しい仕事だ」と初めに示し、「あなたにしかできない」と仕事ぶりを認めて、自尊心をくすぐっています。
経験を積んだプロフェッショナルだという自負心を持つ女性には、このような方法で「お願い」することが、効果的です。

※4
「心から感嘆して感謝し、ほめる」という、素晴らしいご褒美があり、今までもそのように心が満たされる経験をしてきたからこそ、武田さんは五日でやり遂げたのです。
このような指示の仕方を心がけ、細やかな気遣いと親和力を駆使すれば、指令の天才になれるでしょう。

ポイント
point

相手を尊重し、お願いをする。
頼んで、自発的にやってもらう。
共感力・親和力・合理性……で
頼み、結果を認めれば、
女性は喜んで指示を受け、
やり遂げてくれます。

23 「辞められる」ことを前提としない・恐れない

女性にとって、一生仕事をすることは当たり前ではない、と第1章に書きました。

大体の女性は、**結婚・出産・育児**という大事業を予定しているからです。**結婚**は、専業主婦になったり、あるいはパートくらいの仕事をすれば十分というふうに、仕事への関わり方を変える契機になります。最近は少し減ったようですが、寿退社も普通に見られます。

さらに、**妊娠・出産**となると、どうがんばっても数か月の休暇は必要。そして、子供がある程度成長するまで、たいていは少なくとも三年や五年の休業を必要とします。

もちろん、仕事にやりがいを見出せなかったり、経済的に余裕があったりすれば、辞職することもたくさんあります。医師といった専門職でも、出産を契機に辞める女性が多いという報道もありました。

このように、**会社は一時的にしろ長く勤めるにしろ、いつかは辞める場所と**女性は想定しているのですね。

そこで男性は、女性社員に対し「どうせ辞めるんだから」という気持ちを持ちやすくなります。そして、

「長くいないなら、一生懸命教育しても仕方がない」

「有能でずっと働いて欲しいけれど、結婚すれば辞めるんだろう」

「彼女は辞めないと言っているが、それでも出産すれば数年はいなくなるはず。それを考えると、重要な立場には置けない」

などと考えてしまうのです。

しかし、ほとんどの会社で女性の力は必要であり、また女性なしには成り立たない企業だってあります。なにより、有能な女性は貴重な戦力であり、そうした人たちを活用しないのは会社の損失です。

ですから、こう考えてはいかがでしょう?

結婚しない女性も、出産しない女性もいます。出産しても夫が家庭に入り、仕事と育児を両立させる女性もいます。また、晩婚化も進んでおり、十分活躍して四十五歳くらいで結婚、子供を産まずそのまま会社に残る、というケースも多くなっています。

つまり、「どうせ辞める」という考えは、間違っているのです。**一時退職し**

たり辞めたりする可能性が、男性よりは高いというだけです。ですから、訪れるかどうかわからない「女性の退社」を怖がって、女性を活用しないことも、間違っているわけです。

「いつまでいるか知れたもんじゃないから」と手を抜いて接していれば、**育つはずの人材の芽を摘む**ことになります。これは大きな損失ですよね。

男性だって、転職する人はたくさんいます。もしかすると、男性のほうがアテにならない面だってあるから。でも、それを恐れて育成しないなど、聞いたことがありません。女性も同じことなのです。

同僚でも上司でも、男性であるあなたは、女性に対し「どうせ辞める」と決めつけずに、男と同様に接していかなければなりません。

もちろん、**辞められる覚悟は必要**ですし、育児休暇など会社としての制度の整備も必要ですが、それ以前に、キチンと育て、女性の能力を引き出すべきです。

デキる人は、それを知っています。当然、相手の女性の特質・価値観を見たうえで、それぞれの**タイプに合わせて能力を引き出し活用します**。

だからこそ、デキる上司となるのです。

ケーススタディ　case study

証券会社のＡ社は、女性社員に対する保障・支援・補助制度が進んでおり、女性が一生働ける会社として認められています。

就職試験を受けた由真さんは、面接で、

「将来の夢は？」と聞かれ、

「仕事をすることで社会と自分との接点を広げ、充実した人生を歩むことです」[※1]と答えました。

でも彼女の本当の夢は、「結婚して子供を二人つくり、幸せな家庭を築くこと」だったのです。

由真さんはめでたくＡ社に入社しましたが、そのうち、会社の男性たちが女性に対し「いつか辞めるもの」として考えているように感じ始めました。

そうであれば、気が楽です。由真さんは、仕事を生きがいの一つとして設定することなく、腰かけＯＬの道を[※2]

※１
なぜ由真さんは嘘をついたのか。
子どもが欲しいと正直に言うと、就職に不利になる、試験に落ちると思ったからです。それまで受けてきた面接で、毎回由真さんは、嘘をついてきました。

※２
会社がいくら女性の社会進出を促す制度を整えても、男性たちの意識が変わらなければ、ほとんどの女性が、遠慮なく腰かけＯＬになります。
由真さんは、初めから、早々に結婚・出産をしたいとは思っていませんでした。三十歳くらいで結婚できればと思っていたのです。
しかし、周囲の空気が、由真さんの気持ちを、早めの結婚へと駆り立てていったのでした。

歩み始めました。

そして入社の翌年、加藤次長が上司となりました。

彼は女性を男性と同等に戦力として見る人で、由真さんもやりがいのある仕事を任され楽しくなり、※3できるだけ長く勤めたいと思うようになりました。

ある日、加藤次長が聞きました。

「子どもは欲しいと思ってる？」

えっ……と虚を衝《つ》かれましたが、由真さんは正直に、三人欲しいと答えました。

「それはいいことだ。※4母親になると、全然違う見方ができて視野も広がる。君は有能だから、また戻ってきてバリバリ働いて欲しいな。もちろん、君が決めることだが」

「……はい、ぜひそうさせてください」

そう由真さんは答え、喜びでいっぱいになりました。

※3
加藤次長が来たのが、入社二年目という早い時期だったので、由真さんは、最初の人生プランに意識を戻すことができました。
しかし、こうした機会が五年後に訪れていたら……。きっと由真さんの気持ちは変わらなかったでしょうし、スキルも相応のもので止まっていたでしょう。

※4
由真さんが本当に求めていることを、加藤次長は勧めてくれました。
せっかく会社が女性の働きやすい環境を整えているのですから、女性各自の適性に応じた対応をするのが、上司の務めです。
しかし、そんな言葉を聞くことは、それまでなかったのです。

ポイント
point

女性は辞めると決めつけて、戦力外と見るなら、上司失格。男性と女性の特性を把握して、女性の各ステージを成長の場ととらえ歓迎し、育て協力していきましょう。

24 信じて見守る気持ち

自分が信用されているか、必要とされているか――そんな疑問が芽生えたら、猜疑心に苛まれ、仕事をするのが嫌になって当然です。

特に女性は、会社ではまだ「男より下」「厄介な生き物」と見られているきらいがあるようで、女性はそうした男性の意識を敏感に感じ取っています。

ですから、**ヤル気のある有能な女性ほど、仕事の場で傷つき苦しむことが多いのです。**

そうした気持ちが積み重なっていくと、女性が多い職場のほうが働きやすいと考え転職していきます。有能な人材の流出を促してしまうのです。

これは、会社にとって損害です。そして、そんな損害を与えることを、男性諸氏はしてはいけません。なにせあなたは、会社の一員なのですから。

まず、**女性のことを色眼鏡で見ないこと。**女性と男性は違いますが、それを踏まえて正当に見ることです。

そして、**同じ会社にいる人間として、信じること。**

あなたが上司の立場にいるなら、なんでも自分でやらないと気が済まない人になってはいませんか？　もしそうなら、**平社員と同じ**です。上司なら、部下に仕事を任せ、育てていくことが必要です。

そして、いったん任せたなら、細々《こまごま》と口出しせず、まして妨害などせず（本当にこういう人がいるのです！）、**見守っていきましょう。**

見守っていて、なにかトラブルや困難にぶつかった時、すかさず、さりげなくサポートする。ミスがあっても、責任は上司である自分にあると、楯になってあげる。

そんな上司であれば、女性はやりがいを感じ、ついていこうと思い、生き生きと働くことができます。そして、女性を味方につけ戦力としたあなた自身も、成長し、出世していくのです。

女性は、「この人のことが好きだ、信用できる」と思えば、とことんついていきます。女性なりの感性・感覚・経験や、奉仕の精神まで発揮して、強力な味方となってくれるでしょう。

しかし、いったん「この人ダメだ、嫌い、信用できない」となれば、離れていきます。「同じ空気を吸いたくない！」と思われてしまうことも……。

程度の差こそあれ、女性には、このような傾向があります。

男性からすると、確かに厄介で面倒な存在なのでしょうね。

しかし、そんな厄介な女性というものに、正々堂々と向き合っていかなければ、あなたにも相手にも会社にも、発展はありません。

デキる男性は、女性の厄介さをも楽しみます。時には非情になりますが、それはよほどの場合。どうやって女性社員を最大活用してやろうか・育ててやろうかと、面白がっているのかもしれませんね。

男性と女性は、もともと**お互いに補完し合う役割**を持っています。敵でも異物でもなく、**互いに必要な存在**なのです。

それはもちろん、会社という場になっても変わりはありません。

人間力を高めること――それが女性社員と上手くやっていくための最終到達点なのかもしれませんね。

ケーススタディ　case study

男女共に人望が厚く、これまでずっと会社を引っ張ってきた田中専務。六十歳となり、とうとう定年退職を迎えることとなりました。

会社主催の送別会が行われましたが、後輩たち有志による送別会も盛大に開かれました。

その席上、ずっと談笑が続いていたのですが、急に最古参の牧子部長（55歳）が泣き出しました。

「専務、本当にありがとうございました。私がたくさんの問題に突き当たった時、※1いつも専務がサポートしてくれ、身を挺《てい》してかばってくれたおかげて、私は今の立場にいるのです。結婚、出産、離婚と波瀾万丈でしたが、その時々に、いつも親身に相談にのっていただきました。私の人生は、田中さんあってこそなんです。いくら感謝してもたりないくらい……」

※1
牧子部長は、田中専務の「戦友」でした。会社組織の中で、その旧弊を打ち破り、発展をもたらすため、共に戦ってきたのです。
そんな田中専務は、会社からすると煙たい存在でした。また、田中専務自身、出世を目標とする人ではなく、そのため専務として定年を迎えましたが、会社への貢献度から見れば、取締役に就任してもおかしくない、大きな存在でした。

※2
美雪さんは、田中専務と親子ほども歳が離れています。
しかし田中専務は美雪さんを、若い娘として扱いませんでした。
貴重な戦力であり、やはり同朋・同志として見守っていました。
そして美雪さんも、それ

三十五歳と若手の美雪さんも、感謝の言葉を述べました。美雪さんは専務の立ち上げたプロジェクトチームに抜擢され、大きな成果をあげたのです。※2

頭を掻きながら田中専務が立ち上がり、話し始めました。万雷の拍手が起こります。

「いやー、そのう、私はですね、みなさんと仕事ができて嬉しかったし光栄であったと、ただそれだけです。※3 みなさんのおかげで、私の会社生活は、いつも光り輝いていました。私一人で勝手に仕事してたら、寂しい人生だったでしょう。間もなく定年という最後になってしまいましたが、本当に言いたかったことを言わせていただきます。みんなに心から感謝しています。ありがとう」

男が惚れ、女が慕った田中専務のサラリーマン人生は、こうして最高のフィナーレを迎えたのでした。

に立派に応えたのです。

※3
仕事でも、人間対人間というスタンスが大事だと、田中専務は教えてくれます。
また、周りの人がいなければ充実した人生をおくれないということも、人のためになってこそ素晴らしい人生であることも、田中専務は教えてくれます。
田中専務のような人こそが、本当に男らしい、素晴らしい人だと言えるでしょう。

ポイント
point

信じ、見守り、人のためを考えて
キチンと仕事を任せられれば、
それだけで有能な上司。
そして、光り輝く人生をおくる。
年齢も性別も関係ない、
深い信頼関係をつくりましょう。

ちょっといい話　1

ちょっといい話（企業家でありトレーナーである知人に頂いた話です）　1　葉書

数年前、大手生命保険会社の支社に講演に出かけた時のこと。

支社長が私を玄関で迎えてくれ、一緒にエレベーターに乗った。

ドアが閉まりかけたその時、一人の若い女性営業職員が飛び乗ってきた。

そこに支社長が声をかけた。

「〇〇さん、おはよう。今日はお嬢さんのお誕生日ですね。おめでとう！」

彼女は満面の笑顔になり、

「ありがとうございます。娘も元気です。私もがんばります！」

彼女は保険の営業を始めて五年、夫と別れたあと、小学三年になる娘を育てながらがんばっている。若いお母さんにとって、子供のことに関心を持ってもらえるのは、なにより嬉しいこと。

「よく誕生日を覚えていますね」と私は呻《うめ》いた。

「人の命を預かる仕事だからね。本人と子供さんの誕生日には、全員に直筆の葉書を書いているんです。彼女には、ちょうど昨日書いたところだったので」

この支社の営業職員の数は五百名。子供さんのぶんも入れると、毎年六百枚は葉書を書き続けているという。

支社長の手にはペンだこができている。

ちょっといい話　2

講演会が行われるフロアに下りると、多くの女性が支社長に駆け寄ってきて、握手を求めてきた。みんな、支社長に会えたことが、本当に嬉しそうだった。営業はつらい仕事である。離職率も高い。

しかし、この支社の離職率は、ほかの支社と比べ極端に少ない。支社長を見て、その秘密がわかった。

前任の支部長は、女性ばかりの営業職員たちが会社に戻ると必ず、
「契約取れたの？」と聞いてきた。
それを聞くたび、職員の顔は曇っていく。
保険の契約を取るといっても、月にせいぜい五、六件だ。毎日こんなことを
聞かれると、会社に戻る前に言い訳を考えてしまう。
そして、会社に帰りたくなくなる。

新任の支部長は、職員が帰ってくると元気に、

「お帰り、今日なにかいいことあった？」と聞いてくる。

そのたびに、女性たちの顔がパッと明るくなり、次々と言葉が飛び出す。

「今日は、社長さんにお会いすることができました」

「お客様から、話を聞いてくれてありがとうって言われました」

「今日は、少し踏み込んだ提案ができました」

会話が弾む。

職場の雰囲気が、一気に明るくなった。

ちょっといい話　３

ちょっといい話　3　どんな時、がんばれる？

ある講演会でアンケートをとった。

Q　どんな時、嬉しいですか。

A　ほめてもらいたい人からほめてもらった時。

Q　どんな時にがんばれますか。

A　自分をわかってくれる人がいる時。その人の信頼を裏切りたくない。収入でも、タイトルでもなかった。

『取り返しのつかないミスだわ。言い訳なんてできない……』

――お客様から何度もヒアリングをして、やっと企画書にまとめ上げた。久々の大型案件で、ハードな日々が続いていた。

いよいよ明日はプレゼン。夜中まで、念には念を入れて備えていた。

四歳の息子がぐずり始めたのは、明け方のことだった。

顔を触ると、火のように熱い。あわててタクシーで救急病院に運んだ。

思えば、母子、二人だけの生活で、ここのところ、まったく面倒をみてやることができなかった。

不意に涙がこぼれてきた。息子が不憫だった。

泣きながら、意識がおぼろになっていった。

目が覚めたのは、午前十一時。プレゼンは九時からだ。

同僚からは、何度も留守電、メールが入っている。お客様は怒って帰ってしまったらしい。

課長に電話をした。怒鳴られると覚悟していた。

「課長、申し訳ありません息子が明け方、熱を出してしまって……」

「佐伯さん……私にも子供がいますから、幼い子供が突然具合が悪くなることがあるのはわかります。このような事態は予測できるのだから、何時であろうが連絡を入れるべきでしたね」

課長は叱りながらも理解を示してくれた。

すべてを話した。

「こういう事態に備えて、緊急連絡網（SNSやLINE等）を作っておきましょう。私の怠慢でした。もっと早く手を打つべきでした」

「課長は私の気持ちをわかってくれている。この人だけは、なにがあっても裏切るまい」

そう心に誓った。

あとがき

私は職業柄、ビジネス書も書いているので、多くのビジネスマンの方々とお話しする機会があります。

最近では、彼らの多くが、女性社員とのコミュニケーションについて、悩みを持っておられます。

しかも、女性の比率が高い職場にいらっしゃる方ほど、深刻なようです。

ビジネス書の他に、私が女性向けのエッセイを書いているからだと思いますが、「女性って、どうして○○なのでしょう?」という質問や、気遣っているのに通じない、裏目に出るといった内容です。

「それはきっと、こういうことではないですか……」

私は自分なりにアドバイスを始めます。

十六歳からマスコミの世界に入った私は、女性社員であった経験はなくても、トークショーなども開催し、女性の気持ちはわかるからです。

悩みを持つ男性の多くは、「女性の心理は男性には分からないもの」と半ばあきらめて、ケース・バイ・ケースで目の前のことをなんとかしようとあがいているように見えます。

「冗談じゃない！　日々の仕事で手一杯なのに、女性社員ばかりに気を遣ってられるか」と感じる方もいらっしゃるでしょう。


そこで私は、女性社員側の不満や悩みを理解するため、座談会を開いていただき、本書の執筆をすることになりました。

本書は、女性社員に対して、してはいけないこと、したほうが望ましいこと、すべきことをわかりやすく解説し、各項目にケース・スタディを提示し、さらに理解を深めていただけるよう工夫しました。

男性と女性の性差を知り、女性の気持ちを理解しようと努めれば、解決の糸口は見つかるはずです。


そして、この本を書いて思ったのは、部下の性差は関係なく、私が出会ってきた成功する男性は、次の言葉とともに若手に活躍する場所をきちんと与えていたということ。

1．悪いことほどすぐに報告。いいことはあとでいい。
2．苦手なものほど、余裕をもってやること。できることはギリギリでいい。

言いかえれば、「仕事を任せる。何かあったら迷わず相談しろ。バックアップする」。この二つをはっきり言える方、つまり、度量のある男性は誰が見てもデキる男だということです。自分を変えようとこの本を読んでくださった皆様には、ぜひそんな仕事人になっていただきたいと思います。

「男だ女だ言ってないで、同じ哺乳類同士、仲良くやりましょうよ！」と言って、トークショーで大ウケしたことがありますが、このように性別の垣根を気にせず、本書の法則をひとつひとつ地道に実行してください。「一点突破、全面展開」が成功の秘訣です。

この本を文庫化するにあたり、文芸社の古内聡暁さん、篠崎雅昭さん、佐々木春樹さん、鈴木美和さん、鵜澤尚高さん、およびビジネスプロモーターの八木せいじさんにお世話になりました。深く感謝申し上げます。

平成二十八年六月吉日

いつか

本書は、二〇〇九年十月、弊社より刊行された『成功する男はみな、「女子力」を使う　女性社員に好かれる24の法則』を改題・修正し、文庫化したものです。

文芸社文庫

社内勢力図を一変させる基礎力

女性社員の力を引き出す24のスキル

二〇一六年六月十五日　初版第一刷発行

著　者　いつか
発行者　瓜谷綱延
発行所　株式会社　文芸社
〒一六〇-〇〇二二
東京都新宿区新宿一-一〇-一
電話　〇三-五三六九-三〇六〇（代表）
〇三-五三六九-二二九九（販売）

印刷所　図書印刷株式会社
装幀者　三村淳

ISBN978-4-286-17632-1

［文芸社文庫　既刊本］

火の姫　茶々と信長
秋山香乃

兄・織田信長の命をうけ、浅井長政に嫁いだ於市は於茶々、於初、於江をもうけるが、やがて信長に滅ぼされる。於茶々たち親娘の命運は——？

火の姫　茶々と秀吉
秋山香乃

本能寺の変後、信長の家臣の羽柴秀吉が後継者となり、天下人となった。於市の死後、ひとり残された於茶々は、秀吉の側室に。後の淀殿であった。

火の姫　茶々と家康
秋山香乃

太閤死して、ひとり巨魁・徳川家康と対決する於茶々。母として女として政治家として、豊臣家を守り、火焔の大坂城で奮迅の戦いをつらぬく！

それからの三国志　上　烈風の巻
内田重久

稀代の軍師・孔明が五丈原で没したあと、三国志は新たなステージへ突入する。三国統一までのその後のヒーローたちを描いた感動の歴史大河！

それからの三国志　下　陽炎の巻
内田重久

孔明の遺志を継ぐ蜀の姜維と、魏を掌握する司馬一族の死闘の結末は？　覇権を握り三国を統一するのは誰なのか!?　ファン必読の三国志完結編！

［文芸社文庫　既刊本］

トンデモ日本史の真相　史跡お宝編
原田　実
日本史上の奇説・珍説・異端とされる説を徹底検証！　文庫化にあたり、お江をめぐる奇説を含む2項目を追加。墨俣一夜城／ペトログラフ、他

トンデモ日本史の真相　人物伝承編
原田　実
日本史上でまことしやかに語られてきた奇説・珍説・伝承等を徹底検証！　文庫化にあたり、「福澤諭吉は侵略主義者だった?」を追加（解説・芦辺拓）。

戦国の世を生きた七人の女
由良弥生
「お家」のために犠牲となり、人質や政治上の駆け引きの道具にされた乱世の妻妾。悲しみに耐え、懸命に生き抜いた「江姫」らの姿を描く。

江戸暗殺史
森川哲郎
徳川家康の毒殺多用説から、坂本竜馬暗殺事件の謎まで、権力争いによる謀略、暗殺事件の数々。闇へと葬り去られた歴史の真相に迫る。

幕府検死官　玄庵　血闘
加野厚志
慈姑頭に仕込杖、無外流抜刀術の遣い手は、人を救う蘭医にして人斬り。南町奉行所付の「検死官」が、連続女殺しの下手人を追い、お江戸を走る！

［文芸社文庫　既刊本］

蒼龍の星㊤　若き清盛
篠　綾子
三代と名づけられた平忠盛の子、後の清盛の出生の秘密と親子三代にわたる愛憎劇。やがて「北天の王」となる清盛の波瀾の十代を描く本格歴史浪漫。

蒼龍の星㊥　清盛の野望
篠　綾子
権謀術数渦巻く貴族社会で、平清盛は権力者への道を。鳥羽院をついで即位した後白河は崇徳上皇と対立。清盛は後白河側につき武士の第一人者に。

蒼龍の星㊦　覇王清盛
篠　綾子
平氏新王朝樹立を夢見た清盛だったが後白河との仲が決裂、東国では源頼朝が挙兵する。まったく新しい清盛像を描いた「蒼龍の星」三部作、完結。

全力で、1ミリ進もう。
中谷彰宏
「勇気がわいてくる70のコトバ」――過去から積み上げた「今」を生きるより、未来から逆算した「今」を生きよう。みるみる活力がでる中谷式発想術。

贅沢なキスをしよう。
中谷彰宏
「快感で生まれ変われる」具体例。節約型のエッチではなく、幸福な人と、エッチしよう。心を開くだけで、感じるような、ヒントが満載の必携書。